今日から始める

学級担任のための
アドラー心理学

勇気づけで
共同体感覚
を育てる

図書文化

目次

第1章 アドラー心理学の考え方

第2章 子どもの不適切な行動の四つの目標

第3章 勇気づけ

第4章 共同体感覚

第5章 こんなときどうする

第1章

アドラー心理学の考え方

1　アドラー心理学の五つのポイントで教育が変わる！

岩井俊憲

はじめに

私（共編者・岩井俊憲）が経営するヒューマン・ギルドは、一九八五年にアドラー心理学の普及をめざして設立した会社で、日本のアドラー心理学の一大拠点です。ヒューマン・ギルドで行うたくさんの講座には教員の方が二十％くらい参加しています。また、全国で千人のプレミアム会員の三十％が教員で、これらの先生方はヒューマン・ギルドで熱心にアドラー心理学を学んでおられます。ちなみに、この本の分担執筆者は、全員ヒューマン・ギルドのプレミアム会員です。

先生方の集まりで「アドラー心理学をご存知ですか？」とお尋ねすると、三十〜四十％くらいの方が手をあげます。ところが、「アドラー心理学の本を読んだことがある人」となると十％、「アドラー心理学の講座を受けたことがある人」（講演会や一日講座）となると五％、さらには、「アルフレッド・アドラーそのものの本を読んだことがある人」では一〜二％になってしまいます。

こうしてみると、アドラー心理学は、まだまだ表面的な理解しかされていないことが明らかです。それでもＯＫです。この本をキッカケとして、教育に役立つアドラー心理学を大まかに知っていただければ本望です。

アドラー心理学の教育へのヒント

以下は、ごく大まかな教育に役立つアドラー心理学の五つのポイントです。

①アドラー心理学は、アルフレッド・アドラーが打ち立て、後継者たちが発展させ続けている心理学である。
②アドラー心理学は、民主的な教育観に則っている。
③アドラー心理学は、過去の原因探しをしない心理学である。
④アドラー心理学は、勇気づけの心理学である。
⑤アドラー心理学は、共同体感覚の育成をめざす心理学である。

(1)アドラー心理学（欧米では「個人心理学」）の創始者アルフレッド・アドラー（一八七〇

〜一九三七）は、オーストリアのウィーン生まれで、晩年はアメリカを中心に活躍しました。もともとは精神科医でしたが、第一次世界大戦後、教育分野にも力を注ぎ、ウィーンに世界で初めての児童相談所を設立。オーストリアを中心に、彼の理論に基づく実験的な学校の展開に貢献しました。

彼のあとを引き継いだ精神科医ルドルフ・ドライカース（一八九七〜一九七二）はアメリカのシカゴを拠点に、教育分野にアドラー心理学を広めました。その後継者には、「個人心理学教育システム」を広めたレイモンド・コルシーニ（一九一四〜二〇〇八）をはじめ教育と心理学の分野にまたがる人が多く育ち、アドラー心理学の

アドラー心理学の５つのポイント
① アルフレッド・アドラーが打ち立てた
② 民主的な教育観
③ 過去の原因探しをしない
④ 勇気づけの心理学
⑤ 共同体感覚の育成をめざす

発展に尽力しました。

⑵第二に、アドラー心理学は、民主的な教育観に則っていることについて

これは、専制的なリーダーシップ・スタイルを好む教師から「アドラー心理学は、子どもたちに迎合しすぎている」と言われることに対する反論でもあり、また、自由放任（レッセ・フェール）的な教育観に対する批判も込めています。

アドラー心理学の翻訳書である『より良い親子関係講座――アクティブ・ペアレンティングのすすめ』（マイケル・ポプキン著）に「アドラー心理学の教育論は、民主的スタイルです」とあり、著者は、アドラー心理学が依って立つ民主的スタイルを次のように特徴づけています。「家庭」「家族」を「クラス」、「親」を「教師」と読み替えてご理解ください。

①民主的な家庭では、自由が理想であるが、ほかの人の権利や責任も大切にする。みんなが幸せに生活するためには、個人の自由には当然の制限が求められる。

②民主的な家族の親は、独裁者でもドアマット（注　子どもの言いなりになること）でもなく、協力の気持ちを育てるリーダーであり、子どもを尊敬しながら、秩序と規律を決定するリーダーである。

③すべてのメンバーは、大切な家族の一員であり、家族の皆が「私たちは共にいる」と感

じる。

そして、子育ての長期目標として「勇気」と「責任感」と「協力精神」の三つを育てることが基本だと述べています。

放任的スタイルとの違いは、

(ア)子どもがやりたいように育てるか、権利と責任をもとに「制限の中の自由」を尊重しながら育てるか

(イ)親や教師が子育て（教育）に目標をもつかどうかにあります。

(3)第三に、アドラー心理学は「人間の行動には目的がある」という未来志向の「目的論」の心理学で、一時期主流をなしていた過去志向の「原因論」の心理学の対極にあります。これがアドラー心理学のユニークな点です。

(4)第四に、アドラー心理学は勇気づけの心理学です。よく誤解されるのですが、「勇気づける」ことと「ほめる」ことは違います。勇気づけとは「困難を克服する活力を与えること」（『勇気づけの心理学　増補・改訂版』）であり、相互尊敬・相互信頼に基づく共感的な態度が欠かせません。それに対して、ほめることは、評価的な態度から始まり、子どもが自分の思

いどおりの反応をすると相手をいい気持ちにさせることがありますが、自分の期待に沿わないと、くさしたりけなしたりすることがあります。

(5)第五に、アドラー心理学の教育には目標があります。それは、クラスや集団への所属感・共感・信頼感・貢献感を総称した「共同体感覚」の育成です。競争的な対人関係に代わる協力的な人間関係を志すのがアドラー心理学です。

どうかこの本を通じてアドラー心理学を教育現場に生かされるよう期待しております。実践すれば、必ず成果が出せることをお約束します。

この項の最後に、市販しているアドラー心理学の本を紹介します。「アドラー心理学を教育の分野で生かそう」と思ったら、この本を読み切った後に、十三冊のうち四～五冊ほどに目を通していただきたいと念願しております。

アドラー心理学の本の紹介（発行順）

①『子どものやる気』ドン・ディンクマイヤー／ルドルフ・ドライカース著、柳平彬訳、創元社、一九八五年十一月

②『クラスはよみがえる』野田俊作／萩昌子著、創元社、一九八九年六月

③『やる気を引き出す教師の技量』ルドルフ・ドライカース／パール・キャッセル著、松田荘吉訳、一光社、一九九一年十月
④『クラス会議で子どもが変わる』ジェーン・ネルセン／リン・ロット／H・ステファン・グレン著、会沢信彦訳、諸富祥彦解説、コスモス・ライブラリー、二〇〇〇年十月
⑤『より良い親子関係講座』マイケル・ポプキン著、手塚郁恵／野中利子訳、岩崎学術出版、二〇〇四年二月
⑥『教育困難な子どもたち』アルフレッド・アドラー著、岸見一郎訳、アルテ、二〇〇八年三月
⑦『先生のためのアドラー心理学』赤坂真二著、ほんの森出版、二〇一〇年一月
⑧『クラス会議で学級は変わる！』森重裕二著、明治図書、二〇一〇年一月
⑨『勇気づけのリーダーシップ心理学』岩井俊憲著、学事出版、二〇一〇年六月
⑩『勇気づけの心理学 増補・改訂版』岩井俊憲著、金子書房、二〇一〇年八月
⑪『教室に安心感をつくる』赤坂真二著、ほんの森出版、二〇一一年一月
⑫『子どもの教育』アルフレッド・アドラー著、岸見一郎訳、一光社、二〇一三年一月
⑬『はじめちゃおう！　クラス会議』但馬淑夫／森重裕二著、明治図書、二〇一三年三月

2　賞罰に代わるアドラー心理学

岩井俊憲

体罰は愛のムチではない

二〇一二年十二月、大阪市立桜宮高校の二年男子生徒（十七歳）が、所属するバスケットボール部顧問から体罰を受けたことがきっかけとなって自殺した事件を巡って、新聞やテレビでさまざまな報道がなされました。その後間もなく全日本柔道連盟女子柔道の監督による体罰事件によって報道に拍車がかかりました。

二つの体罰事件に関心を抱いた人たちは、おそらく一〇〇人中九十九人が「体罰は愛のムチ」だと判断しないことでしょう。

私は、小学校のとき繰り返し受けた激しい体罰を思い出しました。小学校四年生のとき、私の担任だったA教諭は、ピアノもうまい、体操は宙返りも跳び箱も鉄棒も、まるでこの世にこんな人がいるのかと思わせるような、ものすごい先生でした。それまで三年間女性教諭が担任だった私は、たぶん畏敬の念に満ちた目でA先生を見ていたはずです。

ところがA先生はとてつもない暴力教師でもありました。宿題を忘れた、給食を残した、授業中私語を交わした……この程度でも子どもをよく殴ったものです。「足を肩幅に広げ、歯をくいしばれ！」こう言って、力まかせのビンタが飛んでくるのでした。襟首をつかんで立ち上がらせ、往復ビンタ。

小学校四年生の一年間はまるで地獄でした。楽しいこともあったでしょうが、まったく覚えていません。

当時、ＰＴＡの副会長だった私の母は、もみじ腫れになっていた私の頬を見て、うすうす状況を察していたことでしょうが、昭和三十年代前半の教育事情はいまと違って、学校にクレームをつけることができませんでした。

私はあれから五十五年を経てもA先生から受けた体罰をありありと覚えています。

「あんな学校に行きたくない。A先生なんていやだ！」

何の対処もできない母親の目の前で、私は小学一年生から三年生までの成績表をすべてビリビリと破りました。私は九歳にしてA教諭を通じてこの世の中で恐怖と大人への憎悪を覚え、親の無力を知ったのです。

体罰はなぜいけないか？

「体罰はなぜいけないか？」の問いに対する回答はごくシンプルです。法的には、刑法二〇八条に規定されている「暴行罪」に相当する罪であるし、学校教育法第十一条によっても禁じられています。心理的にも明らかに弊害があります。

体罰には、次の五つの弊害があります。

体罰は、第一に子どもを面従腹背させます。罰する人の前ではいい子になって、罰する人のいないところでは、悪いことをしでかすようになります。

体罰は、第二に子どもの器量を小さくします。臆病になって、大人の顔色を見て行動するようになります。

体罰は、第三にエスカレートします。ある体罰を科すと、子どもは以前を上回る悪さをします。すると、体罰は前回よりも重いものになり、その後はイタチゴッコ。際限がなくなります。

体罰は、第四に「勇気づけ」と最も遠いところに位置するものです。相互尊敬・相互信頼とはほど遠く、子どもを支配し、子どもの依存性を助長するツールでしかありません。

体罰は、第五に伝染します。体罰の環境のなかで育った子どもは問題解決の方法として、暴力を採用するようになります。平和を乱すタネは、体罰のなかにも宿っています。

卒業したい賞罰の教育

アドラー心理学は、体罰のような罰やムチによる指導だけでなく、アメに相当する賞を与えることやほめることにも批判的です。

例えば、ほめることは、教師から見て子どもの優れている点を評価し、賞賛することであって、子どもがほめられたくて行動する反面、ほめられないと行動しないことにつながり、子どもを依存的にさせるからです。

黒板をすすんで消してくれる子どもがいるとします。こんな場面で教師は次のように言うことがあります。

「Bちゃん、えらいね。だれもやらないのに、やってくれるんだもんね」

最初は、先生の役に立ちたくて黒板を消してくれていた子どもは、先生にほめられたくて行動するようになるかもしれません。また、Bちゃんが黒板を消していた場面で先生が気づかず、言葉をかけてくれない日が続いたとします。「もうほめてもらえないんだ」と知ったBちゃんは、黒板を消すことをしなくなりがちです。

勇気づける教師ならきっとこう言うでしょう。「Bちゃん、先生もみんなも助かる。Bちゃんも気持ちいいね」。こう言われると、Bちゃんの中にみんなの役に立つ行動が内発的に生まれるようになるのです。

勇気づけの大事なポイントは、勇気づけられて行動する子どもを育てるためには、自分で勇気づけられるような教師の対応が必要なのです。動機づけ理論を使えば、本人の「内発的動機づけ」に結びつくように勇気づけることが欠かせません。

ちなみに、内発的動機づけというのは、本人自身に自分をやる気にさせる駆動力をもたせ、それをもとにやる気にさせる動機づけの仕方です。これと反対の外発的動機づけというのは、外部からの、おもに「アメとムチ」を使ってやる気を出させる方法です。

その意味では、ほめて育てようとする教師の対応は、罰するやり方と同じで、「アメとムチ」を使った対応の一部で、外発的動機づけにほかならないのです。その根底にある考え方は、子どもに対する操作です。

アドラー心理学は、操作に代わる相互尊敬・相互信頼に基づく教育観に立っている点では、賞罰をもととする教育法の対極にあります。

操作を越える教育がめざすもの

さて、この項の最後を飾るにあたってアドラー心理学の創始者であるアルフレッド・アドラーが学校教育に関して残した二つの言葉をご紹介します（『教育困難な子どもたち』）。アドラーが一九二九年に書いた本からの引用です。

学校の課題は、次のようなものです。「人生で、自立して働き続け、避けることのできない課題を、自分に関係がなく他の人が解決することであると考えるのではなく、それを解決するために、自分の問題として見るような人間をどのようにして育てるか」ということです。〔このような〕国民の理想は、家庭の中まで及んでいます。〔それゆえ〕学校を終えた後、共同体に有用な人間となるように、家庭と学校で何らかの処置を取らなければならないということは明白です。

学校は、子どもが学校という社会的な課題にどれほど準備されているかを示す実験、試験です。よく準備されているということは、順応し、他の人の仲間に加わることができるというだけでなく、他の人のことを考え、他の人に関心をもつこと、さらに、学校の楽しみを自分のもの、贈り物として感じるだけでなく、その困難さをも自分に属するものと見なし、この困難を克服するということです。

アドラーは、子どもが家庭から社会に向かう橋渡しとしての学校の役割を、共同体にとって有用な（建設的な）人間となるように、他者への共感力をもちつつ、自立心と責任感を育てることとしてとらえていました。

アドラーが一九二〇年代・一九三〇年代に唱えていたことは、いまも、その必要性がより強まることはあれ、けっして時代遅れとは思えません。それどころか、アドラーが克服したいと強く願っていたことが、未解決なまま残されています。まだこんなに体罰が横行し、「アメとムチ」を使った外発的動機づけで人を動かそうとする機運が残っているのです。

私たち教育にかかわる者にとってのこれからの課題は、賞罰を越えた、自立心と責任感を育てることを目標にした、勇気づけに満ちた対応を学び、実践することだと思っています。そんな教育現場にアドラー心理学の英知がもっともっと生かせると信じています。

3 授業に生かすアドラー心理学

岩井俊憲

「問題行動」の「原因」を探ろうとすると……

アドラー心理学のクラスへの適用として「アドラー心理学を授業運営に生かすとしたら?」という立場から、考え方の一端をお伝えしましょう。

三十五人のクラスがあるとします。その中でC君、D君、Eさんの三人の、立ち歩く、ほかの子にちょっかいを出す、教師の指示に従わないなどの問題行動(不適切な行動)が目立つとき、教師は、この三人を特別にマークして、問題行動をなくそう、減らそうと腐心することがあります。

こんな場面で、教師はよく「問題行動」の「原因」を探ろうとします。C君には多動の傾向がある、D君は家庭環境があまりよくない、Eさんは悪い先輩の影響を受けている……等々。しかし、その考えには三つの弱点があります。

①子どものダメな面(不適切な行動)にばかり目がいき、よい面(適切な行動)を見失う。

②不適切な行動をしている子どもに教師の注目が向き、適切な行動をしている子どもに関心が向かない。
③過去にさかのぼって、さらに学校以外の家庭環境に問題行動の原因を探そうとすることで、解決の可能性を遠ざける。
アドラー心理学では、このような発想をしません。

第一に、アドラー心理学では、子どもの行動のよい面（適切な行動）に注目します。

そもそも、学校にいる時間帯に、問題だと思われる子どもでも、不適切な行動をしている頻度は、ほんの数パーセント程度です。九十数パーセントは、適切な行動をしているのですが、教師は、あたりまえで目立たない行動を「適切な行動」だと見なさず、不適切な行動をなんとか撲滅しようとしてそれに注目するため、本来教師の注目を引きたがっている子どもにとっては、不適切な行動の頻度が増えてしまうことになります。

子どもの行動のネガとポジを入れ替えて、適切な行動にこそ注目してみましょう。本来「無視されるよりは不適切な行動をしてでも、教師の注目を引きつけよう」としていた子どもは、適切な行動に注目されていることを学ぶことによってしだいに不適切な行動の頻度が減って、やがて「適切な行動をすることでクラスの中で居場所をつくろう」と決心するのです。

第二に、アドラー心理学では、適切な行動をしている子どもにこそ関心を向けます。冒頭のケースを考えてみましょう。三十五人中三人に問題行動が見られたとしても、まず、四六時中この三人が問題行動をしているわけではありません。そもそも三十五人中三十二人に問題行動がなく、適切な行動をしているのです。

教師が問題行動をなくそう、減らそうとして対応すればするほど、第一のところで述べたように不適切な行動で注目を得られた三人の行動はますます不適切な方向にシフトしていきます。これに加えて、適切な行動をしている子どもも、「自分もあんなふうに注目されるといいな」との思いで、不適切な行動に走ることになります。このことは、学級崩壊のメカニズムとしてよく目にすることです。

大事なことは、適切な行動をしている三十二人を満足させることです。不適切な行動をすることがばかばかしいほどに、適切な行動をしていることの自分自身での喜びと、他者への貢献・協力の楽しみを味わうことです。

その喜び・楽しみを味わえない子どもは、一時不適切な行動をすることもありますが、そのことで居場所をもてない子どもは、たまたまクラスの仲間に貢献的な行動をすることがあります。そのときがねらいめです。休み時間などにさりげなく近づき、「F君が……をしてくれたことが、先生、とてもうれしかった」というように勇気づけるのです。

こうして、適切な行動をしているときに勇気づけられた子どもは、適切な行動にますます関心が向かい、適切な行動をする仲間として居場所がもてるようになるのです。

第三に、アドラー心理学では、過去にさかのぼって原因探しをしません。

私はよく言っています。「過去にさかのぼって原因探しをすることは、解説になることはあっても解決にはなりません」。あるいじめっ子に対して、「あの子の生育上の問題は……」とか、「この子の家庭環境は……」と、時間をかけて調べ上げても、その原因を除去したり、家庭環境を変えたりすることは不可能です。そんなことに時間をかけ、ときに保護者を敵に回して無益なやりとりをするよりは、「いま、ここで、何ができるか？」と問い、現在から近未来でできる可能性を模索するほうがずっと有益です。

「いま、ここで、何ができるか？」の問いは、私の次の文章公式を使うと、もつれた糸をほぐすように、これからの打つ手が見えてきます。

この文章公式を現場で適用するだけで

アドラー心理学を現場に適用する際に

「子どもは、ある状況で、特定の人（相手役）に対して、ある目的（意図）をもって行動する」

という、私がアドラー心理学の理論を簡素化した文章公式を用いると、子どもの行動を見るユニークな視点が芽生えてきます。

ある子どもが授業中、担任に対してさからう行動をよくするとします。親に聞くと、家庭では見られない現象です。ある教科の先生に尋ねてみると、「まったくそんなことはない」と言います。

だとすると、その子は、クラスの中で（状況）、担任に対して（相手役）、権力争い（目的）をしているのかもしれません。そう見えてくると、対応としては、担任が子どもとの関係改善を図り、クラスの中での居場所を再構築すればいいと見えてきます。

「問題を複雑にしない」。これこそがアドラー心理学を授業に生かす知恵です。

子どもは，ある状況で，特定の人（相手役）に対して，ある目的（意図）をもって行動する

4 学級経営とアドラー心理学

会沢信彦

アドラー心理学の基本的な考え方

重複しますが、アドラー心理学の基本的な考え方をいま一度整理してみましょう。

(1) 目的論

私たちが他者の行動を理解しようとする際、その原因を考えるのが普通です。しかし、アドラー心理学では、「人間の行動には目的が存在する」と考え、その行動の目的を理解しようとします。

例えば、教室で子どもが暴れているとします。

「どうして（何が原因で）この子は暴れているのだろう」

と考えるのが一般的な見方でしょう。しかし、アドラー心理学では、

「何のために（何が目的で）この子は暴れているのだろう」

と考えます。そう考えると、「周囲の注目を引きたいのではないか」「自分が強いことをア

ピールしたいのではないか」などという仮説を立てることができます。それをもとにしてその子どもとかかわっていくのです。

(2) 現象学

人間は、一人一人がそれぞれの主観的な見方で世界や自分自身を見ていると考えます。つまり、人は皆〝思い込み〟の世界に生きているのです。したがって、他者を理解するためには、相手の〝思い込み〟の世界を理解すること、つまり、「相手の目で見、相手の耳で聞き、相手の心で感じる」(アドラーによる共感の定義) ことが求められます。

例えば、こちらが親切にしてあげる行為を素直に受け入れることができず、むしろ反発してくるような子どもがいます。多くの人が他人の親切を素直に受け入れることができるのは、「人間は信頼できるものである」という〝思い込み〟があるからです。しかし、何かの事情で「人間は信頼できないものである」という〝思い込み〟をもってしまった人であれば、「他者の親切には裏があるに違いない」と考え、それを素直に受け取ることができないのは当然であると思われます。

(3) 対人関係論

人間の行動はすべてだれかに向かっての対人関係行動であり、「相手役」が存在すると考えます。

　家庭と学校とで態度や行動が異なる子どもが「問題のある子」としてよく話題になります。しかし、アドラー心理学ではこれは当然のことだとされます。子どもの行動、特に不適切な行動は、目の前にいるだれか（しばしば親や教師）に向けてのメッセージであると考えるのです。

子どもの不適切な行動の四つの目標

　アドラー心理学では、子どもにとってのもっとも基本的な欲求は、「集団の中で居場所を確保したい」「大切な存在であると認められたい」という所属欲求であると考えます。そして、子どもが「所属欲求が満たされていない」と感じると、やむを得ず不適切な行動を起こすのだとされています。その際の目標が後述の四つに分類できるというのが、アドラーの高弟であるルドルフ・ドライカースによる理論です。

　なお、教室での問題行動であれば、その際の相手役として想定されるのは教師です。そして、相手役である教師がその不適切な行動を前にしたときに抱く感情によって、その目標が判別できるとも考えています。

(1) 注目・関心を引く――教師はいらいらする

子どもはまず、何らかの行動によって教師の特別な注目・関心を引くことで、居場所を確保しようとします。注目・関心を引くための方法はさまざまです。いたずらや目立つことをするのはもちろん、教師のお気に入りになって注目・関心を引こうとする子どももいます。

その際、教師が抱く感情は、「いらいらする」です。その結果、多くの教師はつい注意をしたり叱ったりすることが多くなり、子どもとの関係が徐々に悪化していきます。

(2) 権力争いをする――教師は腹が立つ

教師と子どもとの関係が悪化すると、次の段階として、子どもは教師と権力争いをする

集団の中で
居場所を確保したい
大切な存在であると
認められたい

ようになります。教師に勝って教室のボスになることで居場所を確保しようとするのです。この段階の典型的な行動は、教師への反抗です。これは、積極的な反抗だけでなく、「指示に従わない」という形で表れることもあります。

その際、教師が抱く感情は、「腹が立つ」です。その結果、多くの教師は権力争いに巻き込まれ、子どもとの関係をさらに悪化させることになります。

(3)復讐する——教師は傷つく

権力争いを教師に力で押さえ込まれた子どもは、教師に復讐することで居場所を確保しようとします。教師に対して直接相手を傷つける行動を取るだけでなく、他児や器物に危

害を加えることを通して間接的に教師を傷つけようとする場合もあります。

その際、教師が抱く感情は、「傷つく」です。この段階になると教師と子どもの関係は極度に悪化していることから、修復のためには第三者の関与が必要となります。

(4)無気力・無能力を誇示する――教師はあきらめる

教師の力によってさらに押さえ込まれると、最終段階として、子どもは無気力・無能力であることをアピールすることによって居場所を確保しようとします。課題に取り組まない、他者とかかわろうとしないなどのほかに、不登校や引きこもりという形で表れることもあります。

その際、教師が抱く感情は、「あきらめ」です。「これまでさんざん手を尽くしたのだが……。もうダメだ」という思いになるのです。

勇気づけ

では、このような不適切な行動に対して、教師はどのような対応をしたらよいのでしょうか。アドラー心理学が提唱する対応のセオリーは、次のとおりです。

> 不適切な行動に（過度に）注目せず、適切な行動を勇気づける。

ドライカースは、次のような言葉を残しています。

「植物が太陽と水を必要としているように、子どもは勇気づけを必要としている。不幸にも、もっとも勇気づけの必要な子どもが最小のものしか得ていない」

「もっとも勇気づけの必要な子ども」とは、問題行動を起こす子どもです。不適切な行動を起こす子どもほど、勇気づけが必要なのだと訴えているのです。

勇気づけとは、相手の存在を認め、短所や欠点よりも長所やリソース（その子の資源、資質）に着目し、他者との比較ではなくその子なりの些細な努力や成長に目を向ける態度や行動です。

なお、アドラー心理学では、相手の達成を評価する「ほめる」ことと「勇気づけ」とは必ずしもイコールではないと考えています。

共同体感覚

アドラー心理学においては、心理療法、カウンセリング、教育がめざすものは、「共同体感覚の育成」であると考えます。つまり、共同体感覚こそが、精神的健康のバロメーターなのです。

共同体感覚とは、他者や世界への関心、所属感、貢献感（他者や集団のために役に立てることがある）などを要素とする意識であるとされています。具体的な行動としては他者との協力であり、その背景にあるのは、お互いに対する尊敬と信頼です。

近年、河村茂雄らの精力的な研究により、学級集団のあり方が、いわゆる心の教育だけではなく学力にも大きな影響を及ぼすことが明らかとなってきました。つまり、Q－Uでいう学級生活満足型の学級こそが、「教育力のある」学級だというのです。そして、学級経営の目標とされるこの満足型学級とは、高い共同体感覚を有した子どもからなる学級のことであると筆者は考えています。

以上、「不適切な行動の四つの目標」「勇気づけ」「共同体感覚」という、アドラー心理学から教育を語る場合に欠かせないキーワードを簡単に紹介しました。

次の第二章からは、これらの概念を具体的な事例を通してより詳しく見ていきたいと思います。

第2章

子どもの不適切な行動の四つの目標

1 子どもの不適切な行動にどう対処するか

会沢信彦

アドラー心理学は、「学級づくりに生かせる心理学」といわれています。その理由の一つは、アドラー心理学が、学級における子どもの不適切な行動（いわゆる問題行動）を理解し、適切に対処するための枠組みをもっているからです。それが、ドライカースによる「子どもの不適切な行動の四つの目標」論です。

所属欲求の重視

さて、前章でも述べましたが、アドラー心理学では、人間のもつさまざまな欲求のなかで、もっとも重要なのは所属欲求であると考えます。「集団の中で居場所を確保したい」「自分が大切な存在であると認められたい」という欲求です。私は、この所属欲求とは、有名なマズローの「欲求の階層説」でいえば、下から三番目の「所属と愛の欲求」と四番目の「尊重（承認）の欲求」を合わせたものであると理解しています。

学校生活を送る子どもにとって、学級に居場所があり、教師から大切な存在であると認められることは、何よりも重要です。そして、アドラー心理学では、適切な行動では所属欲求が満たされない（居場所がない、教師から大切な存在であると認められていない）と感じると、所属欲求を満たすために、やむを得ず不適切な行動を起こすのだと考えます。つまり、学級での問題行動は、所属欲求を満たすための誤った手段であるというわけです。

多くの子どもが用いるそのような誤った手段が四つあると考えたのがドライカースでした。つまり、「子どもの不適切な行動の四つの目標」とは、実は「所属欲求を満たす」というより大きな目的のための四つの誤った手段なのです。

前章では教師が抱く感情によってその目標が判別できることについて述べましたが（27ページ参照）、ここでは子どもがどういう行動に出るのか、具体例をあげていきます。

子どもの不適切な行動の四つの目標

(1) 注目・関心を引く

子どもが学級に居場所がなく、教師から大切な存在であると認められていないと感じると、さまざまな不適切な行動によって教師の注目・関心を引こうとします。「教師から特別の注目や関心を引くことができれば、居場所が確保できるだろう」と考えているのです。

教師の注目・関心を引くために、子どもはわざと授業中にいたずらをしたり、大声を出したりなど、いわゆる「問題行動」を行います。それを目にした教師は、いらだちを覚え、注意をします。しかし、いったんはおとなしくなっても、しばらくすると同じような行動が始まり、教師はまた注意をする。そのような場面が何度か繰り返され、教師の注意の声がだんだん大きくなっていく……。教室ではおなじみの光景ではないでしょうか。

ところで、「不適切な行動」は、このような問題行動として表れるとはかぎりません。先生の期待どおりに振る舞い、先生のお気に入りになることで教師の注目・関心を引こうとする子どももいます。英語では「教師のペット」と呼んでいます。一見すると「望ましい行動」であるように見えますが、その目標が「注目・関心を引く」ことであるかぎり、アドラー心理学では「適切な行動」であるとは見なしません。

(2) 権力争いをする

さて、子どもの（いわゆる）問題行動に対する教師の注意がエスカレートし、声も大きくなってきたとします。これは、教師の感情が、第一段階のいらだちから怒りへと変化していると考えられます。しかし、怒りに任せて怒鳴りつければ子どもは反省して問題行動をやめるかといえば、答はノーでしょう。もちろん、問題行動をやめる子どももいますが、それは自分の過ちを反省してのことではなく、教師の怒りが怖いからにすぎません。いっぽう、少なからぬ子どもはますます問題行動を繰り返し、しだいに教師に反発するようになるのは周知のとおりです。このとき、子どもは教師と権力争いをしているのです。

子どもにとって何といっても教師は大きな存在です。この段階の子どもは、そのような教師と権力争いをすることで、「先生よりも自分のほうが強いこと、自分がこの教室のボスであることを証明すれば、居場所が確保できるだろう」と考えているのです。

この段階で起こっていることを教師が冷静に認識することができないと、教師はますます怒りの感情に支配され、自分自身を見失うことになります。「このままでは示しがつかない」などと考え、何とかして教師である自分こそが教室のボスであることを子どもに示そうとするでしょう。そのために、子どもに何かしらの罰を与えるなど、教師としての権力を行使して子どもを押さえつけようとします。するとその子どもはますます反抗の炎を燃え上がらせる……、これもしばしば教室で見られる悪循環の光景です。

(3) 復讐する

取りあえず教師がもてる権力を使って子どもの問題行動をやめさせたとしても、子どもは反省してそうしているわけではありません。むしろ、権力争いによっては居場所を確保できないと悟った子どもは、次は自分を傷つけた教師に復讐しようとし始めます。

この段階になると、子どもの行動は反抗にとどまらず、陰湿な方法で教師や他者を傷つけようとします。例えば、教師の大切にしているものを傷つけたり、他児をいじめたり、器物を破損させたりすることで、教師にダメージを与えるのです。当然、教師はそれに対して心理的にも傷つきます。この段階の子どもは自分が教師によって大いに傷つけられたと感じているので、「教師に復讐することで居場所を確保しよう」と考えるのです。

しかし、教師がここでも権力を用いて子どもを押さえ込もうとすると、いよいよ子どもは最後の手段に出ることとなります。

(4) 無気力・無能力を誇示する

最後の段階では、「自分は無力で無能な存在である」ことをアピールすることで居場所を確保しようとします。「どうせ自分なんかバカでダメなどうしようもない人間なんだから放っておいてくれよ」というわけです。この段階になると、授業中ずっと机に突っ伏したり、不登校や引きこもりになったりします。

それに対して多くの教師はあきらめの感情を抱きます。「もうこの子はダメだ。あきらめた」

というわけです。教師にこう思わせることで居場所を確保しようとするのです。

不適切な行動への対応の原則

では、このような不適切な行動に対して教師はどのように対応すればよいのでしょうか。まず、子どもとのかかわりの基本となる二つの点を押さえておきたいと思います。

第一に、教師と子どもとの間にふだんから良好な関係がなければならない、ということです。学校教育においては、どうしても子どもに厳しい指導をしなければならない場面が必ず存在します。そのようなとき、経験的に知られているように、子どもに「指導を入れる」ことができるのは、普段から子どもに信頼されている教師だけです。ゲーテの「人はただ自分の愛する人からだけ学ぶものだ」という言葉は、まさに教育の前提条件であるといえるでしょう。

第二に、罰（体罰などのルールに基づかない恣意的な罰）やはずかしめは、子どもの行動を改善するためにはまったく無益だということです。それらは、子どもを萎縮させるか無用な反発を招くかのどちらかです。また、子どもは罰を受けることで、「立場の強い者は弱い者に対して罰を用いてコントロールしてよいのだ」と学びます。これは、対等な人間関係を志向するアドラー心理学とは正反対の考え方なのです。

以上の二つの原理を踏まえたうえで、それぞれの段階ごとの対応のセオリーを述べていきます。

(1)第一段階（注目・関心を引く）…適切な行動を勇気づける

まず、第一段階では、「不適切な行動には過度に注目せず、適切な行動を勇気づける」ことです。問題行動に対して注意するのは、実は注目を与えていることになります。つまり、子どもにしてみれば、「問題行動を起こせば教師の注目が得られ、居場所が確保できる」という誤った考え方が強化されることになるわけです。教師がすべきことは、不適切な行動ではなく、ふだんの行動（適切な行動）を認め、かかわり、勇気づけることなのです。そのことで、「そんな不適切な行動を起こさなくても、君には居場所があるんだよ。私は君の存在を大切に思っているし、君はこのクラスにとって必要な存在なんだよ」というメッセージを投げかけるのです。

(2)第二段階（権力争いをする）…争いの舞台から身を引く

第二段階では、権力争いに巻き込まれず、むしろ教師が先に争いの舞台から身を引くことです。そのためには、教師は権力闘争の段階で引き起こされる怒りの感情に気づき、深呼吸するなどしてそれをコントロールする術（アンガー・マネジメント）を身につけなければなりません。そして、第一段階と同様、子どもの適切な行動こそをたっぷり勇気づけ、「クラスのボスになろうなんて思わなくても、君には居場所があるんだよ」というメッセージを投げかけるのです。

(3)第三段階（復讐する）…子どもの傷・自身の傷に対処する

第三段階になると、教師もかなり傷ついています。ということは、子どももまた傷ついているのです。したがって、教師は子どもと自分自身の傷つきの両方に対処しなければなりません。まず、子どもに対しては、傷ついた様子を子どもに見せないことです。子どもの前では笑顔でどっしりと構え、とにかくどんな小さな事柄でも子どもの適切な行動に目を向け、勇気づけることが大切です。そして、自分自身の傷つきに対してもないがしろにしてはいけません。そのためには、普段から自分なりのストレス対処法を身につけておくことと、同僚との支え合いが欠かせません。また、この段階になると教師と子どものコミュニケーションのパイプが断たれていることが多いことから、その子どもとの関係が断たれていない同僚の助けを得ることも必要です。

⑷ 第四段階（無気力・無能力を誇示する）…将来の可能性を信じてあきらめない

さて、子どもがもっとも勇気をくじかれている第四段階では、教師のあり方自体が問われるように思います。教師をはじめとする対人援助に携わる者にとって、もっとも基本的かつ大切な資質が試されるように思うのです。その一つは、子どもが現在どんなに困難な状況にあっても、将来の可能性を信じ、決してあきらめないことです。もう一つは、どんな些細なことでも子どものよい点を見いだし、勇気づけることができることです。授業中ひとことも声を発しない子どもであっても、登校しているという事実は勇気づけることができます。笑顔で「G君（さん）、おはよう」と声をかければよいのです。

反社会的な行動、周囲に対する加害的な行動は制止しなければならないのは当然です。その一方で問題を起こす子どもは「勇気をくじかれた」子どもです。教師は、少なくともこのような子どもの勇気をくじくことなく、少しでも勇気づける対応を取らなければならないのです。教師の「指導力」が問われるのはまさにこの点です。

それぞれの問題行動に対する具体的な対応の方法について、第二節以降でご紹介いたします。

2 第一段階（注目・関心を引く）適切な行動、あたりまえの行動を認める

原田綾子

賞賛されることで注目を求める子

ある女の子は、動物の絵を描いた紙を教師に見せ、「先生見て。上手でしょ」と聞いてきます。しばらくすると、この子は、ほかの動物の絵を描いて教師のところに持ってきます。そして再び「先生見て。上手でしょ」と言ってきます。この子は、絵を一つ描くたびに、教師に絵を見せにきて「上手でしょ」と何度も聞くのでした。

なぜ、この子は、何度も何度も「上手でしょ」と聞きにくるのでしょう。それは教師の「賞賛（ほめ言葉）」がほしいからです。

賞賛を求める子どもの行動には次のようなものもあります。

「算数の問題、全部やったよ」と自慢げにノートを見せにくる。

「教室のゴミを拾いました。えらいでしょ」と教師に聞いてくる。

「○○君が、給食当番の仕事をしなかったんです」と言いつけにくる。

みんなが騒いでいるときに、一生懸命やったことを報告にくるなど。

これらの行動をする子どもたちに共通していることは、「ほめられたときだけに自分の居場所があると感じている」ということです。また、ほめられているときの自分はＯＫですが、それ以外の自分はＯＫではないと思っています。（何かができている自分はＯＫだが、ありのままの自分はＯＫではない。）自分の居場所があることを確認するために、ほめられるための行動をしているのです。では、そういう子どもたちに対して、教師はどのようなかかわりをしていけばよいのでしょう。

ありのままの姿を勇気づける

・ありのままの姿で、素晴らしい存在であることを伝える。
・あたりまえの行動（いまできていること）に注目し、勇気づける。
・できていないことより、できていることを認め、勇気づける。
・いつも一人の人間として、子どもを尊敬し、信頼し、協力しながら生活していく。
・「私はいつもあなたのことを大切に思っていますよ」という思いを伝える。

・教師は子どもたちの仲間であり、味方であるということが伝わるかかわりをする。いまできていることに目を向け、ありのままの姿で素晴らしい存在であることを教師が伝えていくことが大切なのです。

不適切な行動で注目を求める子ども

授業中、おしゃべりをしている子。授業中、立ち歩いている子。授業中、ノートを開かず何も書いていない子。これらの子どもたちに対して教師は注意をします。

「おしゃべりをやめなさい」
「静かに座っていなさい」
「ノートを開いて早く書きなさい」

これらの注意が一回だけならまだしも、何度も注意しなければならないこともあるでしょう。こういったケースは、よくあることと思います。しかし、注意や叱責を続けたら、私語をやめるのでしょうか。静かに授業を受けるのでしょうか。おそらく、一時的には収まっても、しばらくすると繰り返されることのほうが多いのではないでしょうか。

このような行動をする子どもたちは、不適切な行動をして「注目されたときだけ」自分の居場所があると感じているのです。もちろん、はじめから注意されるようなことばかりしていた訳ではないでしょう。おそらく、はじめは適切な行動をしていたはずです。しかし、その行動をしても、自分の思うように、教師や周りの注目や関心を得ることができず、自分の居場所があると感じられなかったために、「だったら、不適切な行動をしてでも、注目されたい」と思ったのです。

また、日ごろから肯定的な言葉がけをされることが、とても少ないと思われます。ふだん、注目されることが少ないのに、困った行動をすると、注目を得ることができることを、無意識的に知っているのです。よって、不適切な行動について注目をすると、その行動を増長させてしまうことになるのです。

適切な行動に注目を与える

授業中、おしゃべりをしている子に対しては、「授業を始めるから、おしゃべりをやめてくれないかな」と声をかけ、すぐに授業を進めます。いつまでもその子にかかわっていると注目を与えることになるからです。そして、その子が授業に参加したときを見逃さず、声をかけます。「集中して話を聞いているね」「いいことに気がついたね」「わかりやすく発表できたね」など適切な行動に対して注目を与えるようにします。

たいてい、子どもが不適切な行動をしたときに注意をしたり、声をかけたりします。子どもが授業中におしゃべりしないで、静かに話を聞いているときには、それがあたりまえだと思っているので、特に声をかけることはないでしょう。しかし、こういうときこそ声をかける必要があるのです。

肯定されると居場所が得られる

ここでいう適切な行動とは、共同体に対しての貢献です。つまり、学級に対して自分が役に立っている行動です。そしてその行動は「あたりまえ」として見すごされがちです。

例えば、毎日登校している、下駄箱の靴を揃えている、元気にあいさつをしている、はっきりとした返事をしている、静かに授業を受けている、自分の意見を発表している、忘れ物をしない、係・当番の仕事を一所懸命行っている、チャイム着席をしている（時計を見て行動している）、次の授業の準備をしている、給食を残さず食べている、休み時間に外で元気に遊んでいるなど、子どもの適切な行動に意識的に注目をし、声をかけます。ふだんの生活のさまざまな場面で、「○○してくれてありがとう。○○してくれてうれしい。○○してくれて助かった」などの肯定的な言葉で勇気づけられた子どもは、貢献感をもつことができます。そして、学級での自分の居場所を得て、適切な行動を増やしていくことができるのです。

●具体的な声かけ（例）

「元気にあいさつしてくれてうれしいな」

「はっきりとした返事は気持ちがいいよ」

「当番の仕事を忘れずにやっていたね。感心だなぁ」

「授業に集中しているね。先生はとてもうれしいよ」

「自分で時計を見て動けるね。感心だなぁ」

「休み時間、元気に遊んでいるね」

「下駄箱の靴をいつも揃えていて気持ちいいね」

「配り物を配ってくれてありがとう。先生助かったよ」

など。

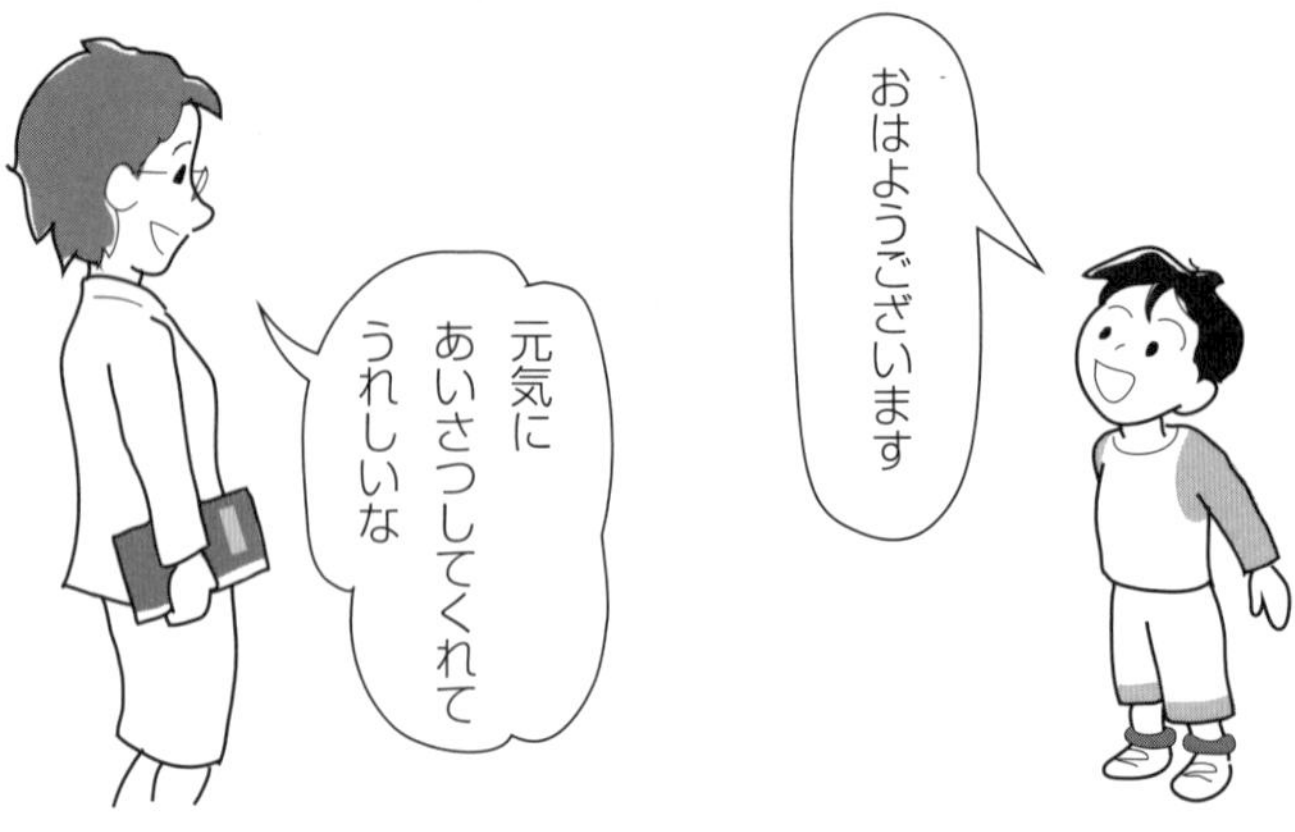
おはようございます
元気にあいさつしてくれてうれしいな

教師が子どもたちの適切な行動に注目していけば、子どもたちの適切な行動が増えていきます。そして、貢献感をもつことができるようになった子どもは、自己肯定感も高まります。

〈負のスパイラル〉 不適切な行動に注目する	〈正のスパイラル〉 適切な行動に注目する
①不適切な行動に注目し、注意をする。 ②不適切な行動が増える。 ③注意することがさらに増える。	①不適切な行動に注目せず、適切な行動に注目する。 ②適切な行動が増え、子どもの貢献感が高まる。 ③学級内に自分の居場所があることがわかり、自己肯定感が高まる。 ④適切な行動が増える。

子どもたち同士があたりまえの行動を認め合う学級を

教師が、日ごろ子どもたちの適切な行動に注目し、勇気づけていれば、子どもたちも自然と適切な行動に目がいくようになります。そこで、子どもたち同士がお互いに適切な行動を認め合える取り組みも効果的です。

●あるもの探し（例）

目的……あたりまえにできている行動を見直し、人の役に立っていることを認識できるようにし、貢献感、自己肯定感を高める。

初めは、子どもたちだけではなかなか思いつかないこともあるので、まず、教師があたりまえと思われている行動をいくつかあげ、その行動がだれの役に立っているのかをわかりやすく説明します。例えば「給食を残さず食べている」ことは、食材、生産者、調理した人などを大切にしており、また、栄養バランスがよく、健康でいられます。「チャイム着席ができる」ことは、周りに迷惑をかけないように時刻を守っていることになります。（自分で判断し、行動できる力がある。）

その後は子どもが自分の行動を振り返り、価値を見いだす活動をしていくとよいでしょう。また、そのことを踏まえ、帰りの会で「今日のよかったこと」「今日がんばっていた人」などの発表でも子どもたちに意識させることができます。何か特別なことを発表するのではなく、あたりまえにできている行動を発表させるようにします。学級内で子どもたち同士が、お互いの適切な行動を認め合うことができれば、子どもたち一人一人が自分に自信をもち、自分を認め、学級への所属感をもち、生き生きと活動できるようになります。

子どもの本来の力を発揮できるように、勇気づけ、あたたかく見守る……………●

すべての子どもが、自分の中にある可能性を信じ、本来の力が発揮できるように、教師は、子どものよさを認め、勇気づけることが大切です。勇気づけられた子どもは、自分を勇気づけられるようになり、ほかの人も勇気づけられるようになります。すると、学級が、子どもたちの「心の安心基地」となり、仲間とともに生きる喜びを感じ、のびのびと自分のよさを発揮することができるようになります。

教師は子どもたちをどこまでも信頼し、尊敬し、子どもたちが、「この学級でよかった」「先生や友達と出会えてよかった」「自分はすばらしい」「毎日が楽しい」と思えるように、子どもたちを援助したいものです。

3 第二段階（権力争いをする）対等な「横の関係」で話をする

原田綾子

子どもは、学級に「居場所がない」と、不適切な行動を起こします。自分の思うように注目を得られないと感じると、反抗的、挑戦的な態度をとって、教師に勝とうとします。教師に戦いを挑んでくるのです。これを権力争いと呼びます。

「力を得ることができれば、みんなが自分のことを認めてくれる。自分の居場所を確保できる」という目的で行動している子どもは、過去に親や教師に、力で押さえつけられた体験をしていることが多いのです。「力がないと認めてもらえない」という誤った考えをもっているので、力があることが重要であると信じていて、力をもとうとします。

権力争いは、学級をまとめている教師が相手

学級では、教師がリーダーシップを発揮して、学級をまとめています。ですから、子どもたちをまとめる力のある教師が、権力争いの相手役になることが多いのです。

子どもに権力争いを挑まれると、教師は、「腹が立つ」「指導して、言うことをきかせなければならない」と思うことでしょう。子どもは教師の痛いところをついてきたり、「ひどい」「無視した」「ずるい」「嘘をついた」など教師が反応したくなる（腹を立てる）ようなことを言ったりします。

例えば

教　師「次は、教科書○ページを開きましょう」
子ども「先生、先生、今日の給食カレーなんだって」
教　師「いまは授業中です。関係ない話をするんじゃありません」
子ども「先生、カレーが好きだって言ってたじゃん。カレーのときは教えてねって言っていたから教えてあげたのに。先生の嘘つき」
教　師「何ですかその口のきき方は！　先生に向かって嘘つきなんて言うんじゃありません」
子ども「嘘つきだから、嘘つきって言っただけじゃん」
教　師「いい加減にしなさい……」

教師が注意や叱責を続けていくと、どういうことが起こるのでしょうか。

まず、子どもが、ますます挑発的な態度を取り、関係が、どんどん悪くなっていきます。

さらに、ほかの子どもたちもおそらく、「またやっているよ」「早く授業を始めてほしい」と、うんざりしてくるでしょう。このままだと、ほかの子どもたちとの関係も悪くなって、学級は混乱していきます。

では、このような状態を防ぐために、教師はどのような対応をしていけばよいのでしょう。

不適切な行動には注目しない、取り合わない

不適切な行動に対して声はかけますが、それでも改善されなかった場合はすぐに授業を始めます。

教　師「次は、教科書○ページを開きましょう」
子ども「先生、先生、今日の給食カレーなんだって」
教　師「そうなんだ。教えてくれてありがとう。でも、いまは授業中だから、授業を進めるね」

注目しないということは、子どもと争わないということです。教師が反応しないと、子ど

もは「無視した」「ひどい」などと言ってくるかもしれません。しかし、ここで、子どもの挑発（反抗的態度）には、のらないことです。子どもはますます教師を挑発してきますし、関係もさらに悪くなってしまいます。たとえ腹が立つことを言ってきたとしても、「この子は、こういう方法でかかわりたいんだな」とまずは理解し、冷静な対応をしていくとよいでしょう。

感情的に指導せず、気持ちを冷静に伝える

子どもに「無視した」と言われた場合について、見てみましょう。

教　師「〇〇さん、ちょっといいかな」

そうなんだ。教えてくれてありがとう。授業を進めるね
今日の給食カレーなんだって

子ども「何ですか」
教　師「さっきの『無視した』っていう言い方、とても嫌だったよ」
子ども「……」
教　師「どうして、無視したって思ったのか話してくれるかな」
子ども「先生が話を聞いてくれなかったから」
教　師「そうか。だからそう思ったんだね。でも、そのとき先生は、△△さんと話していたので、あなたの話が聞けなかったんだ。無視したって言われたら先生は嫌な気持ちになるな」

このように、教師は、子どもと対等な姿勢で話をします。アドラー心理学では上下関係ではなく、「相互尊敬、相互信頼」を大切にした、横の関係（＝対等な関係）でかかわることを提唱しています。たとえ、目の前の子どもの態度や言動が悪かったとしても、最初から親や教師を困らせようと不適切な行動をしている子どもは一人もいないのです。普通にしていたけれど、注目を得られなかった、また、ダメ出しばかり受けていて勇気をくじかれてしまった、大人から強圧的にかかわられて、大人を信頼・尊敬することができなくなってしまったなど、さまざまな理由があるのです。子どもの「行動」と「人格」を分けて考えることが大事なのです。いまとっている行動は否定したとしても、「ダメな子は存在しない」という信念で、人格を否定することはしません。

「勇気をくじかれた子ども」を、教師がどこまでも信頼し、尊敬する態度で接すると、子どもに、いずれ、「僕（私）は、先生に大切にされている」ということが伝わり、子どもの態度に変化が表れてきます。

そして、話し方についても、工夫することができます。例えば、「～しなさい」ではなく「～してほしい」「～してくれないかな」「～してもらえると助かるな」のような言い方に変えるだけで、子どもとの関係も変わってくるものです。

権力争いを挑んでくる反抗的な子どもは、教師に勝ちたい（負けたくない）と思っているので、決して上からものを言うのではなく、対等な「横の関係」で話をするようにします。このような子どもの目的は、教師を怒らせ、注目をしてもらうことです。教師が怒りを表せば、子どもは、その目的を達成することになり、また同じようなことが繰り返されます。教師は、権力争いにのらず（戦わず）、冷静に気持ちを伝えることを意識したほうがよいでしょう。教師が自分に注目を与えないことがわかると、子どもは戦いからおります。戦う相手がいなくなるので、戦えないのです。

適切な行動に注目する

注目を得ようとする子は、自分に自信がなく、自己評価が低いことが多いものです。このような子どもに効果的なのが「勇気づけ」です。注意や叱責の言葉がけではなく、子どもが自信をもてるような、意欲が湧くような言葉がけをすることが大切です。一日中、不適切な行動をしている子どもはいません。授業に参加しているときなどの適切な行動に注目し、声をかけていくようにします。例えば、「今日の給食当番、進んでやっていたね」とか、「○○君が問題がわからないとき、教えてくれてありがとう」「今日の発表、視点がおもしろかったよ」「毎日元気に外で遊んでいるね」など、あたりまえのようなことにたくさん注目し、認め、伝えることが大切です。

適切な行動に注目をしていくと、困った行動をして、むやみに注目や関心を得ようとする必要がなくなります。「自分はそのままでいいんだ」「先生は、僕のことを認めてくれている」と、安心感を得て、適切な行動が増え、不適切な行動が減っていきます。

まずは教師が子どもを信頼・尊敬する

権力争いを挑んでくる子どもの目的は、教室内で「自分の居場所を確保すること」です。いままで適切な行動で居場所を確保することができなかった子どもたちの悲痛なメッセージなのです。

ですから、教師は子どもの言動の奥にあるほんとうの目的を理解し、勇気づけ、自己肯定感を高めていく必要があるのです。居場所を求めるということは、もっと自分に関心をもってほしい、自分のことを仲間だと認めてほしい、というメッセージでもあります。

前にも記しましたが、アドラー心理学では人と人は対等であり、お互いに尊敬・信頼し合う「相互尊敬・相互信頼」が大切だと提唱しています。教師と生徒、社長と部下など、役割は違っても、人としての価値に違いはないという考え方です。まず、親や教師のほうから子どもを信頼・尊敬すると、子どもも自然と親や教師を尊敬・信頼するようになります。このように「相互尊敬・相互信頼」の関係ができていると、お互いの間に問題は起こりません。ですから、子どもが「先生は仲間だ。味方だ」と思えるようなかかわりをしているかどうかが、とても大切なのです。

4 第三段階（復讐する）傷つけ合う関係を脱する

三輪克子

八時一分の君

H先生（中学校教師　三十代）から電話で、相談したいことがあると連絡を受けました。

彼女の話はこうでした。

「毎日遅刻してくる生徒がいるんです。登校指導で、朝校門に立っていると、必ず毎日遅刻してくるんです。『もう少し早く来られないかな』って注意するんですが、『うん』って言うだけで、全然直そうとしないんです」

「何時までに入らないといけないの？」と私が聞くと「八時です」

「それで彼は何分遅刻するの？」と聞くと、「毎日八時一分に入ってくるんです。たった一分、どうしてもっと早く来られないんでしょう？」と憤慨しながら話します。

自分のクラスの子どもが、毎日一分と言えども遅刻するのを許せないのです。

不適切な行動の目標は権力争い？

アドラー心理学では「子どもの不適切な行動の目標」をおもに四つとしています。①注目・関心　②権力争い　③復讐　④無気力。中学生は思春期に入っているので、さらに⑤所属⑥優越　⑦興奮の三つが追加目標になります。

H先生と一緒に、I君の目標について考えてみました。毎日のH先生の指導にもかかわらず、行動（遅刻）が止まらないこと、H先生の怒り……などから考えると、「I君の行動の目標は『権力争い』かな、先生が何度言っても遅刻は止まらないんですよね。言えば言うほどI君は遅刻し続けるでしょうね」

「そうなんです。でもどうすればいいですか？」

「とりあえず朝は、『ちゃんと来てくれたね』と声をかけてみたらどうですか？　遅刻してることは自分で十分承知してるはず、あえて言わずにいたらどうなるかな」と話しました。

「やってみます」

I君の行動の目標はわかったけれど、H先生の心は複雑です。注意しなくていいんだろうかと迷うH先生の心の整理までいかないうちに、毎日の生活は続きます。H先生の心と行動がぎくしゃくし、言わないつもりでも、表情は厳しくなり、別のことでI君を注意することが多くなっていきました。そうしているうちに、状況はもっとひどくなってしまいました。

さらにひどい事態に

夏休みが終わり、二学期が始まってみたら、I君を中心にグループができていたのです。教室でH先生が何か言おうとすると、I君やその仲間が、それを遮るように大声でしゃべり、立ち歩く。大声でH先生を馬鹿にしたような話をする。我慢に我慢を重ねていたH先生がついに「やめなさい！」と怒鳴ると、さらにそれはエスカレートしていきました。H先生が廊下を歩いていると、天窓越しに丸めた紙屑が飛んできたり、給食を食べようとすると、パンが飛んでくるようになったというのです。「やめなさい！」と厳しく言おうが、優しく言おうがどちらもまったく効果がありません。それどころか、さらに興奮してしまうだけだとわかって、H先生自身は傷つき無気力になりかかっていました。「話しに行っていいですか?」と電話口からH先生の力のない声が聞こえてきました。

先生を傷つけたいI君の思いは?

H先生の話を聞きながらI君のことを考えてみました。I君の目標はもう「復讐」までいっているように思います。Ｈ先生は傷ついています。実は今年初めて学年主任になり、気負っていたＨ先生でしたが、結果として自分のクラスがいちばん荒れているという不名誉を背負ってしまいました。そのことがさらにＨ先生を苦しめています。ほかの先生たちも何とか助けようとしてくれましたが、Ｈ先生への攻撃は止まりません。

そこまでＨ先生を傷つけたいＩ君の思いってなんだろうと考えました。

ある朝学校に行ったら教室の黒板いっぱいに「Ｈ死ね。Ｈ死ね。Ｈ死ね。……死ね」と書かれていました。Ｈ先生は毎日学校に行くのがやっとだと言います。そうだろうと思います。自分だったら行けただろうかと思うような事態です。一日でも休んだら、もう学校に行けないように思うと言います。休職ぎりぎりの瀬戸際まできていました。

ただ私がカウンセラーとして少し離れた立場からこの状況を見ると、Ｉ君のＨ先生に対する思いが違って見えてくるように思いました。なぜＨ先生にこれほどかかわってくるのでしょう。黒板いっぱいにＨ先生の名前を書き続けたのでしょう。そのあいだ、ずっとＨ先生のことを思っていたのです。ほんとうに心から嫌いなんだろうかと疑問に思うのです。

不適切な行動における子どもの欲求「私を助けて」

不適切な行動には目標があります。勇気をくじかれた子どもは、適切な行動では目標が達せられないと思うと、不適切な行動を通して目標を達成しようとします。しかしその裏にはさらに子どもの欲求があるというのです。

『クラス会議で子どもが変わる』（ジェーン・ネルセン他著）によれば、

①注目・関心の場合の子どもの欲求は、「私に注目して――私とかかわりをもって」

②権力争いの場合は、「私に援助させて――私に選択肢を与えて」

③復讐のそれは「私を助けて、……私は傷ついてます」

とあります。さらに勇気がくじかれた状態である

④「無気力を装う」でさえ、「私をあきらめないで……私に小さな一歩を教えて」

と考えます。勇気をくじかれた子どもは、不適切な行動を通して、メッセージを伝えています。

I君は何かに傷ついていて、H先生にわかってもらいたいことがある、そんな気がしてなりません。H先生は自分がI君を傷つけたという思いはありません。教師として、遅刻を注意していただけです。まさか毎日自分を小馬鹿にしたような言動を繰り返すI君が、自分に

助けを求めているとは到底思えないと言います。もっともな話です。

H先生の努力の始まり

ここまできたらどうするか。I君の復讐行動（H先生を傷つけようとする行動）には極力乗らない。迷惑行動には「やめてほしい」とは言っても、それ以上かかわらない。そして、I君の行動のどんな小さなことでも適切な行動には「できてるね」とか「ありがとう」と声をかける。また、いままでほとんど注目してこなかった、黙ってH先生の味方になってくれていたほかの子どもたちに十分注目すること、などをアドバイスしました。

H先生にも、自分の言動を具体的に振り返ってもらいました。すると、H先生自身、今年に入ってあせることが多く、余裕を失くしていたことに気づきました。学年主任になったことで、ほかの先生の手前、必要以上に自分のクラス、特にI君の不適切な行動が気になって仕方がなく、何とかやめさせなければと思い込んでいたことに気づきました。たった一分の遅刻でも、自分の指導力不足を見せつけられるように思い込んでいました。I君に、必要以上に嫌な思いをさせたし、まさにどちらが強いか争う気持ちにかられていたことに気づきました。そして、いつしか指導できない状態になって、無力感に襲われ、授業さえ成立が危ぶまれるところまできてしまったのです。

I君のことしか考えていなかった自分に気がつきました。思い浮かべてみたら、先生をそっと気遣ってくれる子どもたち、I君のグループに入らない子どもたちがいます。I君に気持ちがいきすぎて、そんな子どもたちの行動を無視していたことにH先生は気がつきました。申し訳ないことをしていたと思ったのです。授業の充実を図り、一生懸命取り組む子どもに注目する。I君も含め、クラス全体の好ましい言動にだけ注目する、H先生の努力が始まりました。

今年に入って あせっていたな…
学年主任だし…
余裕がなかったな…
I君のことばかりで
ほかの子どもを
無視していたな…

Ｉ君の変化「三年になっても先生いるよね」

Ｈ先生は、Ｉ君が先生を怒らせようとする行動には、反応しないと決心し、努力を始めました。おしゃべりが止まらないときは、おしゃべりをやめさせようとするのではなく、集中して取り組んでいる子どもに積極的に注目し、声をかけていきます。以前のＨ先生なら、おしゃべりをそのまま見すごすことなど、考えられませんでしたが、いまは、そのおしゃべりは、Ｈ先生を怒らせるためにやっているとわかったのです。乗るわけにはいかないのです。心の中は「これでいいのか」という思いにかられながらも、そちらに注目を向けず、ちゃんとがんばっている子どもに注目を向けていきました。そういった子どもに声をかけたり、発言を授業に取り上げたりしていきました。授業の組み立て方も、さらに工夫を加えていき、グループや、個人単位で進められる内容を多くして、意欲的に取り組む子どもたちには、自分たちのペースで進められるような時間を増やしました。

クラスの雰囲気が変わり始めました。今まで面白がってＩ君に同調していた子どもがしだいに減って、Ｉ君を中心としたグループが、クラスの中で少数派になっていきました。そして、同時にＩ君の態度にも少しずつ変化が見られるようになってきました。みんなの前で興奮することはずいぶん減ってきました。ときにはなにげない会話が交わせるようになりました。「振り回されないってこういうことなんですね」Ｈ先生からそんな言葉が聞かれるようになりました。

ついに三学期が終了し、Ｈ先生はほっとして春休みを迎えました。ある日、部活動に来ていたＩ君と、ばったり出会ったＨ先生は、彼から「三年になっても先生いるよね？」と聞かれました。その言い方には、「いてほしい」という思いが感じられたというのです。自信を失くしかけていたＨ先生でしたが、その言葉に勇気づけられて「三年生の担任希望」を出したのです。

三年生の卒業式

Ｈ先生は三年生の担任になりました。Ｉ君はじめほかの子どもたちにとっても三年生は重要な学年です。人生で初めて受験を控え、さすがに緊張の毎日です。Ｈ先生の予想以上に子どもたちとの関係は改善され、無事卒業式を迎えることができました。そして卒業の日、Ｈ先生はＩ君から手紙をもらったのです。

「……ほんとうは、二年生になってＨ先生が担任とわかってとてもうれしかった。自分から学級委員になったのも先生が好きだったからだ。……でも夏休み中に夜遊びが始まり、毎晩家を抜け出して、友達と遊び回っていた。不規則な生活は二学期になっても止まらなくなって、やめようと思ってもやめられない、そのイライラを先生にあたり散らしてしまった。いまから思うとなぜあんなひどいことをしてしまったのか、自分でもわからない。

ひどいことを言ったり、みんなでからかったりした。でも先生はいつも変わらず、自分に接してくれた。ほんとうに迷惑かけてごめんなさい。そしてここまで自分を見ていてくれてありがとう。……」

思いがけない言葉にびっくりしたH先生は、すぐに私に見せてくれました。心の中ではいつも葛藤と動揺を繰り返していて、平然としていたわけではないのに、子どもからはそんなふうに見えるんだということも、先生には驚きでした。我慢してI君を信じ続けてよかった。H先生も私も心から喜びがこみあげてきました。H先生はこの手紙をお守りにすることにしました。

5

第四段階（無気力・無能力を誇示する）

学級のあり方を見直す

武正光江

人間関係づくりを拒否する子どもたち

五年生のＪ君の行動が気になりはじめたのは、進級してまもなくでした。単学級で小学校一年生からずっと同じ級友と学んでいるにもかかわらず、友達と楽しげに活動する姿を見かけることがなかったからです。「おはようございます」と声をかけても、黙ったまま振り返るだけでした。授業中は、発言もしない、ノートも取らない……学習への意欲が感じられませんでした。家庭では親を相手に学校での不平や不満を声高に訴えることもあるといいます。しかし、学校では友達とかかわることを避けている様子がうかがえました。

担任は、Ｊ君が活躍できる場や認められる場を演出し、意思表示ができたり、決められた仕事をやったりしたときは賞賛の声をかけていました。しかし、Ｊ君は、意欲を示すこともなく、感情の動きを顔にだすこともありませんでした。認めても励ましても、「ほっといてくれ」という後ろ向きの心しか感じ取れませんでした。何とかよくしようと思う担任の気持ちが打ち砕かれていました。

Ｊ君が完全に自信を失うまでには、学級の中に居場所を求めて、彼なりに先生にほめられようと努力したり、目立つことをやって先生に認められようとしたりしたはずなのです。しかし、Ｊ君の努力は報われることがなかったのでしょう。注目してもらえなかったり、認めてもらえなかったりを繰り返し、しだいに「自分はダメな人間だ」と決めつけてしまったのでしょう。

完全に自信を失った無気力な子どもは、ことさらに「私にはできない」と主張し、「どうせ失敗してみんなに笑われるなら、最初から何もしないほうがいい」と考えています。「何もできやしないダメな子だ」と思われ、

何ひとつ期待も要求もされないようにしたいと思っています。困難から逃げ、できるならば他者とかかわらず、自分の責任からも逃れたいという気持ちが見てとれるのです。

「私はダメな子」と決めつけることで居場所を見つけた子どもを勇気づけるには、学級のあり方を見直さねばならないのです。

勇気づけがある学級風土づくり

無気力な子どもに勇気づけをするには、その子一人にアプローチしても大きな効果は期待できません。勇気づけがある学級風土をつくる必要があります。「いまのまま、そのままでいい」自分を受け入れてもらえる安心した学級風土が、無気力に陥った子どもたちの立ち直りを支えます。

J君の学級担任へも「勇気づけがある学級づくり」を提案しました。

(1)子どもを一人の人間として尊重しましょう

相手は子どもですが一人前の人間です。どの子にも敬意をもって話しましょう。

無駄口ばかりでちっとも話を聞かない子どもたちを目の前にすると、思わず強い命令口調で「静かにしなさい」と注意し、強制的に静かにさせようとすることがあるでしょう。無理強いして教師に従わせようとすることはやめましょう。代わりに「静かにしていただけませんか?」とお願い口調で話してみましょう。そして、お願いを聞き入れてくれたときには「協力してくれてありがとう」と伝えるといいでしょう。協力することが学級づくりの基本であることを学ぶことができます。

(2)子どもを信頼しましょう

よいことをやっているときだけ信用しますではなく、何をしていようとあなたという人間を無条件で信頼しますと伝えます。

感謝集会の会場である体育館に移動を始めた子どもたちの列の最後尾に、ハサミを持って歩いて行く子どもを見つけました。思わず「お前、そのハサミはなんだ。教室に置いてこい！」と怒鳴ってしまいたくなります。たしかに、感謝集会でハサミなんか使いませんから、全校が集まる場所に持っていくには不適切な学用品です。しかし、「手に何持っているの? 感謝集会で何かに使うの?」と、ハサミを持っている理由や気持ちを確かめる声をかけてから指導しても遅くありません。

頭ごなしに怒鳴るということは、外見だけで子どもの価値を判断していることになりますから、その子の本質を信頼していないことにつながります。気持ちを確かめてから、指導をしたほうがその子の思いに添った指導ができるはずです。どんな状況でも、先生は私の気持ちを確かめて話してくれるとわかれば、私のことを信じてくれているという気持ちが伝わります。

(3)正しい応答にだけ着目しましょう

「なぜ」「どうして」と批判するのはやめましょう。「これからどのようにするか」を考えましょう。

宿題をちっともやってこない子どもは「どうしてやってこないの？」「なぜやってこないの？」と、問い詰められると、自分のほんとうの気持ちを伝えにくくなってしまいます。そして「ごめんなさい。明日はきちんとやってきます」と教師の望む答え方で、その場をしのごうとしてしまいます。その明日、また宿題をやってこずに、同じことが繰り返される事態に陥ります。心あたりはありませんか。

それでは、解決につながりません。どうすることがよいのかを学ぶ必要があります。

「これからどうしたらよいでしょうか」と問えば、「忘れないようにメモをする」「家庭学習の計画をたてる」「チェック表をつくる」等々、対応策を自分で考えることができます。自分で考え、決めたことは守ろうと努力するものです。

⑷集団の中に子どもの居場所を確保してあげましょう

集団の中に自分の居場所があれば、少しぐらいの困難なことには負けず、生き生きとした学校生活を送ります。

しかし、賞賛の言葉であれ、注意する言葉であれ、その子ばかりに声をかけていると特別な存在と認識されてしまいます。協力や貢献を学ばせるには、言葉のかけ方を工夫しなければなりません。

学級の中にＪ君の居場所を確保してあげようと、担任はＪ君のよいところを見つけることを心がけ、「廊下に落ちていたゴミをＪ君が拾ってくれました。Ｊ君ありがとう」と、友達の前で賞賛を繰り返していました。しかし、それは逆効果でした。先生はＪ君を特別扱いをしていると、仲間から外されることが増えてしまいました。当然、担任と子どもたちとの信頼関係も崩れ始めてしまいました。

そこで、担任に子どもたちへの声のかけ方について見直しをお願いしました。

「よい行いは、特別なことではなくてだれでもやっていることなんです。Ｊ君の行為だけ賞賛していると、ほかの子どもたちが、先生の見えるところでよいことをやらなければダメだと、学びます。そうすると、見えるところではよいことをやるけれど、陰に回って不適切な行動をすることにもなってしまいます。J君の行為を紹介するとしたら、『ゴミを拾ってくれた人はほかにもいるかもしれませんが、J君も廊下のゴミを拾ってくれました』という言い方がよいでしょう。不適切な行動を目にして注意ばかりしていると、不適切な行動をすると先生が注目してくれて、居場所を確保できると勘違いしますから、取り立てて声をかけずに、友達に協力する当然・あたりまえの行為に『ありがとう』と感謝の言葉をかけてあげるのがよいでしょう」。

普通に「あたりまえの適切な行動」をしていれば認められるという実感を味わうことができれば、学級への所属意識は高まります。

(5)子ども自身が不完全であることを認められるよう援助しましょう

完全であろうとすると成果を求めます。特に消極的で、自己評価の低い子どもにとっては、「できないこと」のほうが多いので、集団に所属していることが苦しくなってしまいます。生活の改善に向かって努力していることを評価しましょう。

自分に自信がなく、できれば何もしないでおきたいと考えているJ君にとって、担任が学年のはじめに提案した「めざせ! 漢字・計算テスト一〇〇点」「まかせて! 発言一日十回」の取組は苦痛でした。ますます自分の居場所がなくなっていくようで、前にも増して表情がなく会話も減ってくるばかりです。

「テストで一〇〇点を取ることは無理だ」「一日十回の発言はありえない」と考えている子どもへの手だてや配慮をもって、取り組むように担任にお願いしました。教師が目標に達しない子どもを罰したり辱めたりすれば、子どもたちは一〇〇点を取ることや十回発言することだけに価値を見いだし、目標に達しない子どもは集団から離れていき、居場所は失われてしまいます。

そして、担任からJ君に「この目標をできるようにするのはむずかしいと考えているかい。でも、例えば、テストで一問だけ正解できるようにする、一日に一回だけ発言するという目標だったらできそうかな？」と声をかけてもらいました。J君には、自分にできそうな目標設定を自分自身で行い、目標達成に向けての努力をさせることで達成感を味わわせることができます。

不完全な自分だけれど、少しずつ努力を重ねれば少しずつ改善できることを実感させることが、無気力な子どもの課題解決につながります。

無気力を解決する糸口を見つける話し合い

どんな不完全な自分も受け入れてくれる安心できる学級風土の中では、自己評価の低い無気力な子どもの課題も、友達の力を借りて話し合うことにより解決の糸口を見つけることができます。そして、みんなで話し合うと「あなたは独りぼっちではない」と伝えることができますから、大きな勇気づけになります。

友達の課題を全員で話し合い、

○課題の解決に向けた意見交換ができる力
○私（アイ）メッセージで気持ちを伝える力
○尊敬の気持ちをもって相手の話を聞く力
○お互いに助け合うことができる力
○私（自分たち）が決める力

を身につけさせていくことが大切です。

J君の無気力を解決に導く話合いを担任に提案し、第一回目に実施したのは「J君の係を考えよう」でした。

学級の係活動を決める学級会でのこと、全員の係の分担が決まり、仕事の内容を考えていたときのことです。所属する係は決まったものの、楽しませ係（レクリエーション係）になったJ君は、何ができるのか、何をやりたいのかと聞かれても何も言わず、学級会ではJ君の係の仕事の内容が決まりませんでした。そこで、J君に「あなたにできそうな仕事を友達に考えてもらう話し合いをしてみるのはどうだろうか」と話しました。友達に協力してもらうことに同意しましたから、朝の会の時間に「J君の係を考えよう」の話し合いを実施しました。「J君はできることが何もないし、失敗するかもしれないから、何もやらないでおこうと決めてしまったのかもしれません。勇気づけてあげるために、何をしてあげられるでしょう。一緒に考えてほしいのです」と提案しました。

○司会はできますか。「……」。

○読み聞かせはできますか。「……」。

○ゲームの説明はできますか。「……」。

○プログラムは書けますか。「……」。

どんな提案にも、無言の言葉しか返ってきませんでした。それでも、友達はJ君にできそうなことを考えました。

○だれかと一緒だったらできますか。

○話す言葉を書いてもらって、読むことならできますか。

「友達がいくつか提案してくれましたが、あなたは、どれならできそうですか?」とJ君に実践を促します。本人ができそうなことを発言すれば、集団への所属感や自己有用感が高められ、課題の解決につながります。

話し合いの時間を重ねるごとに、「解決すべき課題はだれのものなのか。自分の進むべき道は自分で決める。その結果は自分で引き受ける。私を支えてくれる人はたくさんいる」ことが実感できるようになります。

無気力・無能力を誇示する子どもへのアプローチ

集団の力を借りて、無気力な子どもへアプローチすると同時に、その子への適切な対応も考えましょう。

子どもの発達段階を無視して、能力とかけ離れたことを期待しすぎると、その期待に押しつぶされ「私には、むずかしすぎてできない」と無気力に陥ってしまいます。私たちが気をつけなければならないことは、子どもの発達から考えてできそうもないことを期待してはならないということです。

Ｊ君は、五年生とはいえ、まだまだ高学年の自覚は十分ではありませんでした。低学年と一緒に清掃する縦割班では、高学年がリーダーにならなければなりませんが、Ｊ君には少しハードルが高いものでした。友達から「Ｊ君、五年生なんだから班長だよ」と言われると、その一言がＪ君にとっては「班長を押しつけられた」になってしまいました。

その子の発達段階から考えて達成可能な課題であるにもかかわらず「私にはできない、自分はダメな人間だ」と、何もしようとせず無気力・無能力を誇示する子どもには、次のような勇気づけのアプローチが考えられます。

①腹を立てず、冷静に「あなたはできると思う」と伝えましょう。

もし、十分ではなくても、Ｊ君に低学年の面倒を見ることができると判断できるならば、「清掃班の班長はできないと思っているのかもしれないけれど、低学年に優しくできるからだいじょうぶ、あなたはできると思うよ」と話してみましょう。自分にできることは不十分かもしれないけれど、応援してくれる人がいるという実感を味わわせれば、重い前進の一歩を踏み出す力になるでしょう。

②失敗してもよいことを伝えましょう。

友達の前で本を読まなければならなくなったJ君は、読み間違えたらという不安から黙りこくってしまいました。そこで「だいじょうぶだよ。読み間違えてもいいよ。読み間違えたら、だれかがきっと正しい読み方を教えてくれるから……」と伝えました。失敗してもよいという安心感があれば少し壁の高い目標にも挑戦できる力が湧きます。

③ほんの少しでも課題解決に向けて行動に移したならば「ありがとう」「私は、うれしい」と伝えましょう。このとき、成果については言及しません。「やればできるじゃない」は禁句です。

「ありがとう。うれしい」という言葉は、その人の行為の善し悪しを評価するものでは

ありません。よくなろうと努力している姿に感動し、喜んでいることを伝える言葉です。この言葉を伝えることにより、自己有用感を味わわせることができます。

なかなか朝のあいさつの声が出せなかったＪ君も、担任や友達が勇気づけのかかわり方を重ねたおかげで、蚊の泣くような声ですが「おはようございます」と言えるようになりました。その声を聞いたら、うれしくなり「おはよう。いい声だね。うれしいなあ」とあいさつを返していました。

④自分の思いを適切な言葉で表現できる力や、正しく自己評価できる力を育てましょう。

Ｊ君に自信を取り戻させるには、Ｊ君自身の「生きる力」の育成が欠かせません。考える力や言葉で表現できる力など、友達とかかわるときに必要なコミュニケーション能力の育成をめざして、週に二〜三時間程度、国語や算数の個別指導を実施しました。教師と一対一で考えを話したり、問題の解き方を説明したり、Ｊ君の基礎基本の力の育成に努めました。この個別指導を通して、Ｊ君は自分の言動に少しずつ自信を取り戻すことができるようになりました。

「いまのままでも役に立っている」安心感をもたせる

教育は、一朝一夕でできることではありません。勇気づけの声をかけたからといって、すぐに子どもの行動として表れるかといえば、そうではないのです。子どもの心に届くまで、行動できるようになるまで、勇気づけの声かけをしながら待つことが大切です。そして、教師が「静かに座っていてくれてうれしいです。静かにしてくれているので学習が気持ちよくできます。あなたのおかげです」と伝えるだけで「いまのままでも役に立っている」という安心感がもてるのです。この安心感が、集団に貢献できる喜びにつながります。次に挑戦することがどんなに些細なことでも、誰かの役に立てると思えるようになります。

小さな進歩を見逃さず認めて、私も進歩しているという実感をもたせてあげることが、困難を克服できる強さを育てます。どんなに歩みは遅くても、落胆している子どもが自分には価値があると感じられるように、あきらめることなく勇気づけを続けることが教師の役割です。

第3章

勇気づけ

1 勇気くじきの授業から勇気づけの授業へ

――私の失敗「勇気くじき」とは

佐藤　丈

「そこの人が目立つようにもっと明るい色で塗ってごらん」

川で泳ぐ人物をもっと目立たせたいと思ってかけた私の言葉を聞いたその子は、描きかけの絵の上に水入れの水をいきなりぶちまけました。美しい未来の町の絵は台無しに。慌てて拭いてはみたものの、ふやけたその絵は、不用意な私の指導を恨めしげに見上げていました。

まだ新採用間もない私は、図工の時間に、受け持っていた小学校六年生の子どもたちに「よい絵」を描かせ、町に新しくできた博物館に飾られる作品が、自分のクラスから選ばれるように夢中になって指導していたのです。いまとなって思えば、これが、いわゆる「勇気くじき」にほかなりません。

日本にいち早く、アドラー心理学に基づいたクラス会議を紹介した『クラス会議で子どもが変わる』(ジェーン・ネルセン他著)では、子どもたちの勇気をくじく五つのバリアが紹介されています。若者たちを尊敬せず勇気をくじく大人たちが用いる五つの一般的な行動をバリアといい、「決めつけること」や「大人中心主義」などがあげられています。右の私の指導はあまりにもバリアだらけでした。私は絵を描いている本人はどう考えているかも聞かずに「明るい色で塗ったほうがいい」と決めつけました。また、明るい色で塗るように指示し、私の規準である「よい絵」から引き算をしてそれに達していないことを示し、博物館に飾られる絵を描かせたいという大人中心の発想からの指導でした。その指導は、彼から「私は有能だ」「私は意味のあるやり方で他人に貢献でき、そして私は純粋に必要とされている」「私は自分に起こることに対して影響を与えることができる」という三つの「勇気を与えるものの見方」を奪ったのです。

「うちのクラス、最高っす」

いっぽう、勇気づけとはどういうものでしょう。簡単に言えば、先にあげた「勇気くじき」をやめればいいのですが、まず一つのエピソードをあげて説明したいと思います。プライバシー保護のため、趣旨が変わらないように、内容を一部変えています。

私はある中学校で、中一ギャップによる不登校やいじめなどの心の問題を未然に防ぐことを目的とした、学級づくりのスタートプログラムの実施のお手伝いをしたことがあります。

このプログラムは、前年度のうちに、生徒指導主事、教育相談担当と一緒に計画をたてました。内容は、呼吸法からはじめ、自己紹介ゲーム、バースデーリング（無言で誕生日順に輪を作るワーク）で構成しました。私たちが大事にしたことは、「自分と他とのつながりを意識できるワーク」「簡単なルールが守れ、暖かいクラスの雰囲気を味わえるワーク」という点でした。実はこの中学校は、前年度までは、不登校も多く、荒れた雰囲気のある学校でした。だからこそ、この学校の先生方は、いろいろな小学校から集まってきた新入生の人間関係づくりをいの一番に考え、スタートプログラムを実施したいと私に協力を依頼してきたのでした。事前の校内研修では、私がリーダーになって、先生方にも実際にプログラムを体験してもらいました。そして、当日のプログラムは、リーダーを各クラスの担任、サブリーダーを私が務め、クラスごとに行っていきました。

あるクラスでの出来事です。自己紹介ゲームが終わったときに、ベルの合図とともに自分の席に皆が素早く戻り、すっと静かになったのです。サブリーダーの私は心の中で「ほめるチャンス！」と思いました。そう思ったとたん、リーダーが

「素早く静かに座ってくれてありがとう。とても助かります」

と言ったのです。そう、これこそ勇気づけ。この勇気づけは、アドラー心理学では、「ほ

める」とあえて区別しています。担任の声かけが「ほめる」と若干ニュアンスが違うことにお気づきでしょうか？　プログラムが終わり特別教室に運び出しておいた机を教室に戻すときにも担任の勇気づけが続きます。

「これから中学校生活を送っていくうえで、いくつもみんなで力を合わせてやっていく仕事があります。今日はそのはじめの仕事です。協力して机を教室に戻してもらえますか？」

と問いかけました。教室を出るとき、リーダー格の体格のよい男子（小学校時代はずいぶん先生方の手を煩わせたと聞きます）が、

「うちのクラス、最高っす」

と私に言い残して、机を取りに張り切って出て行きました。子どもたちは協力を呼びかけられたことにより、学級への所属感を感じたのでしょう。中学校生活のスタートが順調に滑りだした手応えを感じました。

「勇気づけ」とは

さて、アドラー心理学は「あたりまえのよさ」を見つけるためのフレームを示す、ポジティブな心理学であると思います。この担任のように、アドラーのアの字も知らなくても、勇気

づけをあたりまえにやっている勇気づけ名人はたくさんいます。（アルフレッド・アドラーその人も、勇気づけの名人中の名人といえるでしょう。）その「よさ」を名人だけのものにせず、広く一般化するためにも、何が、なぜよいのかというフレームが重要になってきます。その最も有用なもののうちの一つが勇気づけなのです。

それではその「勇気づけ」についてもう少し詳しく見てみましょう。

アドラーの高弟、ルドルフ・ドライカースは「植物に水と太陽が必要なように、子どもには勇気づけが必要である」と述べています。

そして日本では、勇気づけの「勇気」を「困難を克服する活力」と岩井俊憲が定義づけています。そうすると、いかに困難を克服する活力を子どもたちから引き出すか、ということを考えなければなりません。ここでは「その子どもと共にいることに感謝し、喜び、その子どもに対して尊敬の念をもって接すること」と勇気づけを説明したいと思います。そのようにすれば、自然と子どもたちに対して感謝の言葉「ありがとう」が出てくるだろうし、子どもの行動の結果よりも、その努力の過程に注目するでしょう。そして子どもの話す言葉に耳を傾け、共感的に理解しようとするでしょう。また、失敗を責めず、失敗から学ぶように声をかけるでしょう。

「勇気づけ」と「ほめる」は違う

昨今、子育てや教育の指南書では、「ほめる」ことが盛んに推奨され、あたかも「ほめさえすれば伸びる」かのごとく、思われている節があります。しかし、先にも述べたように、アドラー心理学では「勇気づけ」と「ほめる」を区別し、やたらとほめまくることに対し警戒します。それは、ほめられることによって、かえって勇気がくじかれてしまう場合があるからです（ほめることのすべてが勇気をくじくのではありません）。

例えば、体育の時間、逆上がりが初めてできた子どもを目の前にしたとき、たいていの教師は「やった！」「すごい！」と感嘆の声を上げ、子どもと一緒に喜ぶのではないでしょうか。この場合は、一緒に喜ぶ先生の姿に、ますます喜びが増し、また次の課題に向き合おうとする勇気が湧いてくるのではないでしょうか。周囲にいるほかの子どもたちも、つられて一緒に喜ぶかもしれません。「よし、私も」と張り切る子どもも出てくるのではないでしょうか。

反対に、逆上がりができた子どもに「よくやった、K君はえらい！」と言ったらどうでしょう。K君はいい気分かもしれません。それは、ほめられた言葉が褒美として働いているからでしょう。しかし、できたことそのものについての感激は、もしかしたら少し減じてしまってはいないでしょうか。周囲の子どもの中には「K君えらい！」と一緒になってほめる子どももいれば「K君ばっかりほめられてずるい」と思う子どももいるかもしれません。K君は、できた感激よりも、ほめられたうれしさが勝ってしまったので、ほめられなければ課題に挑戦できなくなってしまうかもしれません。また、ほめられないことを恐れ、挑戦することをためらうようになるかもしれません。「ほめてはならない」というわけではなく、ほめ方がきわめて重要であるということなのです。そしてそのよいほめ方を、アドラー心理学では「勇気づけ」と呼んでいると理解するとよいと思います。

授業時間こそ「勇気づけ」を

学校生活で最も多くの時間を占めているのは言うまでもなく授業時間です。そうすると、いままで紹介してきた、「勇気くじき」も多くの場合、授業時間に起こっています。これは裏を返せば「授業時間こそ勇気づけの現場でありチャンスである」ということが言えます。

それでは、勇気づけの授業をいかにつくるかについて述べたいと思います。岩井の定義を借りてわかりやすく言えば「子どもたちが自ら課題（困難）に失敗を恐れず立ち向かい、自ら解決する意欲（活力）を引き出す授業」をつくろうというわけです。

ある授業

小学校四年生の理科の授業に「もののかさはその温度によって変化する」ということを、水、空気、金属を温めてかさの変化を確かめて学ぶ題材があります。水、空気と学習を進めてきて、金属のかさが変化するかどうかを実験で確かめる授業を参観しました（問題点がわかりやすいようにやや誇張してあります）。

鉄球がぎりぎり通る鉄の輪があり、鉄球だけをバーナーで温めた後、またその輪を通るかどうかを確かめるという実験です。（鉄のかさは増え、輪を通らなくなります。）実験前に授業者は子どもたちに予想を立てさせ、発表させました。

教　師「温めるとどうなると思いますか。予想が立てられた人は発表してください」

Ｌさん「通ると思います」

教　師「Ｌさん一番に答えてえらいね。では、いままでやってきた水や空気のかさはどうでしたか。ほかに意見が言える人？」

Ｍ君「通らないと思います。水や空気も温めるとかさが増えたからです」

教　師「Ｍ君、意見と理由をしっかり言えましたね。すばらしい。前の実験とも比べて言ってくれました。ではＬさんのように通ると思う人？」

教　師「はい、ではM君の言うように通らなくなると思う人？」
教　師「はい、通らなくなるという人が多いみたいだけど、どうだろう。早速実験で確かめてみましょう」

Lさんの発言をどう受け止めるかが、この授業の成否を左右したと思われます。いわゆる「教育的瞬間」といえるでしょう。残念ながら、Lさんは勇気をくじかれてしまいました。どういうことでしょう。

どうすればよかったのか——復唱と質問で展開する

まず、教師はLさんをほめています。しかしこれが勇気くじきになってしまっているのです。Lさんは自分の考えを先生や級友に聞いてほしくて発表したのであって、ほめられたいからではないし、一番であることは授業には関係ありません。この場では、ほめるのではなく「意見を聞かせてくれてありがとう」と言いたいところです。あるいは「Lさんの考えが聞けて嬉しいぞ」と勇気づけることもできたはずです。

また、Lさんの「通る」という意見をキャッチせず、水や空気と同じように考えるように促し、正答に導こうともしています。Lさんは自分の考えを聞いてもらえなかったうえ、暗に誤答したことを示され、発言したことを後悔したかもしれません。

　復唱（リボイシング）という応答の仕方が教育心理学者や算数・数学教育の研究者に注目されています。子どもの発言した言葉をそのまま返すという方法です。この場面でも、復唱をつかって「あなたの意見をしっかりと受け取ったよ（受容したよ）」とフィードバックしたいと思います。例えば、「通ると思った……どうして通ると思ったのか、理由を聞かせてもらえますか?」と復唱し、質問を返すのです。「鉄は熱しても大きくならない」と答えが返ってきたら「熱しても大きくならない。では、どうして大きくならないと考えるの?」とたずねます。「鉄は固いから」「な

Lさん一番に答えてえらいね。いままでやってきた水や空気のかさはどうでしたか
M君、意見と理由を言えましたね。すばらしい
勇気くじき
子どもたちに響かない
M君
Lさん

るほど、鉄は固いから大きくはならないと考えたんだね。Ｌさんと同じように考えた人はいるかな？」と復唱と質問を交えて展開していけばＬさんは自分の考えとその根拠をしっかりと言えた自信と、聞いてもらえた満足感を得たでしょう。ここで教師はアドラーのいう共感「相手の目で見、相手の耳で聞き、相手の心で感じる」をＬさんに対して行ったことになります。Ｌさんは教室の中にしっかりと居場所を見つけたのではないでしょうか。

いっぽうＭ君はこの時点で自分の考えを言いたくて言いたくてうずうずしていることでしょう。教師が以前の実験を持ち出さなくても、Ｍ君は水や空気と比較して理由を述べたはずです。

Ｌさん
意見を聞かせてくれて
ありがとう。
どうして通ると思ったのか、
理由を聞かせて
もらえますか？
ＬさんとＭ君が対立
する意見を言ってくれた
ので、結果が楽しみに
なりました。
貴重な意見をありがとう
復唱と質問を交えて展開し、満足感を得させる
子どもと共にいることに感謝し、勇気づける対応
Ｌさん
Ｍ君

教師は「えらい」「すばらしい」とほめていますが、あまり子どもたちには響いていないように感じました。ほめるのであれば、「ＬさんとＭ君が対立する意見を言ってくれたので実験の結果が楽しみになりました。二人とも、貴重な意見をありがとう」と言ってみたらどうでしょう。私がアドラー心理学を通して理解した勇気づけは「その子どもと共にいることに感謝し、喜び、その子どもに対して尊敬の念をもって接すること」です。

日ごろから勇気づけのトレーニングを

いくつか例題をあげてみたいと思います。あなただったら、どのように勇気づけますか？

①子ども「先生教科書を忘れました」
　教　師「……」
②子ども「そんなのもう知ってる！」
　教　師「……」
③子ども「先生、黒板の字が見えません」
　教　師「……」
④子ども「先生、明日学校来たくない」

教　師「……」

いかがでしょう？「そのとき」は突然やってきます。日ごろから応答をトレーニングしていないと、いくら「その子どもと共にいることに感謝し、喜び、その子どもに対して尊敬の念をもって接すること」と繰り返していても勇気づけは成功しません。ここでは、解答ではなく、ヒントを書くにとどめておきたいと思います。

①では「コラッ」と叱ってもいいでしょう。しかし、その後子どもの困っている気持ちに目を向け、共感することを忘れないでください。そして解決の方法を教えるのではなく、子どもに考えさせ、試させ、失敗から学ぶよう勇気づけてください。

②では、子どもがほんとうは何を言いたいのかを考えたいところです。考える猶予をもらうために、とりあえず復唱しましょう。また、知っているのに、答えを言いふらしたりはしません。知っているのに授業に参加しています。何か言ってあげたくなりませんか？

③は簡単ですね。「君のおかげで……」の後を続けてください。

④はやや深刻です。これは時間稼ぎではなく、しっかりとキャッチするために先ず復唱してください。その後の展開は、お仲間と一緒に考えて、ロールプレイしてみてもいいと思います。いじめや不登校の早期発見、早期対応のために無くてはならないトレーニングです。

あたりまえのことをあたりまえに

「何をあたりまえのことを……」と思われた方もきっといると思います。「勇気づけ」というフレームで、自分の子どもたちに対するかかわりを見られるようになると「あたりまえのよさ」にきっと気づくことでしょう。

こんなことがありました。もう、八十歳を超える私の大学時代の恩師とある研究会に行ったときのことです。公民館の駐車場に二人でいると、少し離れたところにいた（恩師よりずっと若い）お年寄りのそばすれすれを、中年女性が運転する大きな車がすごい勢いで通り過ぎていったのです。私は思わず「なんだあのおばさん！」と怒鳴りました。怒鳴ったそばですぐに恥じ入りました。私が怒鳴るのと前後して、自分よりずっと若いお年寄りのそばに駆け寄り「こわかったねえ」と声をかける恩師がいたからです。

アドラー心理学だの、勇気づけだの、そんなことはお構いなしに、恩師のように、あたりまえにあたりまえのことができる、勇気づけ名人にいつかなれるといいなあと思うのです。

2 いまできていることに注目して勇気づける

原田綾子

あたりまえのような行動にこそ注目する

「勇気」とは困難を乗り越える活力のことであり、「勇気づけ」とは困難を乗り越える活力を与えることです。困難を乗り越えるというと少々大げさな感じもしますが、人が自ら目標を達成していくこと、つまり、家庭で宿題をするということにもあてはまります。

人は、どうしても欠けている部分に目が行きがちです。が、人に勇気を与えるには、できていないことを指摘するよりも、いまできていることに注目をすることが大切です。あたりまえのような行動にこそ、注目をします。なぜなら人間の心理として、注目された行動の頻度が増えていくからです。

宿題を出している子どもに注目する

教師は、宿題を出している子どもに注目することが大切です。「しっかりやってきたね」「忘れずに提出していてうれしい」「毎日がんばっているね」と声をかけられた子どもは、自信と勇気（やる気）が育ちます。宿題を提出することをあたりまえとせず、そこにこそ注目することで、子どもの自己肯定感を上げ、子どもの「よさ」をぐんぐん伸ばしていくことができるのです。

アドラー心理学では、子どもの不適切な行動には「注目を引く」などの目的があります。普通にしていても注目を得られない（認められない）と感じた子どもは、怒られてでも注目を得ようとするのです。怒られて、叱られてでも、大人の注意を引きたい。愛を感じたいのです。赤ちゃん返りなどが典型的な例です。ということは、子どものあたりまえのよ

宿題を、
しっかりやってきたね。
忘れずに提出していて
うれしいです
子ども

あたりまえのことを認め
勇気づける

うな行動を認め、勇気づけていれば、子どもは、あえて怒られるようなことをして（無意識的に）注目を引かなくてもすむのです。

いつも宿題を忘れる子どもについても注目を得る目的がある場合もありますし、生活習慣や、家庭環境などほかの要因もあります。

勇気づけるためにはこんな言い方を

では、子どもの「よさ」に注目し、勇気づけるには、具体的にどのようにしたらよいのでしょう？　いくつかあげてみます。

①過程を重視する

「がんばっているね」「一生懸命やっていたね」など、結果ではなく過程に注目し、勇気づけます。「いつも百点でえらいね」よりも「努力しているね。がんばったんだね」のように。

②加点主義（ダメ出しではなくヨイ出しをする）

「ここの部分はいいと思うよ」「ここが進歩しているね」など、できていないことを指摘するよりも、いま、できていることに注目します。

③貢献に注目する
「手伝ってくれてありがとう」「助かったよ。うれしい」など、協力してくれたことに注目します。
④失敗を受け入れる
「残念だったね」「この後、どうしたらいいと思う?」など、失敗をとがめるのではなく、失敗から学べるように勇気づけます。
⑤相手に判断を委ねる
「○○さんはどう思う?」「自分で決めた方法でやってごらん」など、できるだけ、子どもも自身に任せます。
⑥肯定的に表現する（リフレーミング）
臆病→計画性がある・慎重、人見知り→慎重・謙虚、がんこ→信念がある・意志が強い、など、子どもの長所を発見し、それを認めます。
⑦聴き上手
「そうか、そうだったんだ」「そう思っていたんだね」などと、共感的にかかわります。

自分の話したい誘惑をコントロールし、相手を話し上手にさせる対応をします。

⑧人格を重視する

「(あなたは) まじめだね」と、レッテルを貼るよりも「毎日コツコツと努力しているね」のように伝えるとよいでしょう。

「あなたは悪い子だ」ではなく、「あなたのしたことはよくないことだ」のように、人格と行為を分けます。

いずれも、相互尊敬・相互信頼の関係のなかで、相手が自分を勇気づけられるように伝えることが大切です。

子どもは本来、勇気をもっている

新しい課題を提示したとき、「無理」「できない」「やりたくない」とすぐに口にする子どもがいます。こういう子どもは勇気(困難を乗り越える活力)を失っている場合がほとんどです。ですから、「最初からあきらめるな」「がんばりなさい」と励ますことは逆効果で、ますます子どものやる気をなくしてしまう可能性があります。

勇気をくじかれている子どもには「勇気づけ」をすることが大切です。できそうな小さな目標を与え、結果よりも取り組む姿勢、過程に注目します。教師は常に、子どもをあたたかく見守り、勇気づけ、できていないことよりもできていること、できるようになったことを伝え、自信がもてるような働きかけをします。

いままで結果ばかりを評価されてきた子どもたちは、「何かが特別にできなければならない」「できない自分はダメだ」「失敗してはならない」と失敗を怖れるようになります（賞罰の子育ての副作用）。

勇気（困難を乗り越える活力）は、本来その子自身の中にすでに備わっています。それを無限に引き出すかかわりをするのが、相互尊敬・相互信頼がベースの「勇気づけ」です。

普段から、教師に、ダメ出しなどの否定的な言葉かけをされている子どもは、やる気も出ないし、教師に対して反抗心が生まれます。教師を、味方・仲間と思えず、相互尊敬・相互信頼の関係が築けません。また、ダメ出しをすることで、子どもの中に「自分はできない子、やらない子」というセルフイメージを植え付けてしまいます。

もし、目の前の子どもが、なかなか課題に取り組まないとしても「この子はきっとできるようになる」と子どもを信頼し、子どもが課題に取り組みやすい環境をつくったり、子どもが楽しく学べるように工夫したりすることも大切です。

勇気づけられた子どもは、自分の可能性を発揮し、ぐんぐん伸びていきます。

子どもの貢献感を育てる

子どもの学級での係・当番活動（高学年であれば、委員会活動も）などは、子どもの貢献感を育てることにつながります。貢献感を育てることは、子どもの自己肯定感を高めます。子どもの貢献感を育てるために、教師は、子どもが学級や学校のために協力（活動）してくれたときに、「手伝ってくれてうれしい、助かる、ありがとう」などと感謝を伝えることが大切です。また、意図的に子どもに役割を与えるなど、子どもが活躍できる場をつくることも有効です。

勇気づけられた子どもは、人の役に立つ喜びを感じ、さらに自分の居場所を見つけ、学級の一員として所属感をもつようになります（共同体感覚）。

人は、人から勇気づけられると、自分を勇気づけられるようになり、さらにほかの人を勇気づけることができるようになります。そして人と相互尊敬・相互信頼でつながり、自己肯定感を高め、自分の「よさ」を伸ばし、勉強や基本的生活習慣などにもよい影響を与えるようになるでしょう。

自分に自信をもち、自分で考え判断し行動できる子どもを育てるために、「勇気づけ」のかかわりは大変有効なのです。

3 挫折からアドラーへ——使える心理学

三輪克子

□うるさい教師の失敗

アドラー心理学に出会うまで、私は独裁的な中学校教師でした。ルドルフ・ドライカースが『やる気を引き出す教師の技量』の中で、独裁的教師と民主的教師を対比して書いています。それを読んだとき、まさにアドラーに出会う前の自分が「クラスをコントロールできると感じる唯一の方法は、教師である私の意志を子どもにおしつけることだ」と信じている独裁的な教師だったことに気がつきました。

子どもが騒がずに授業を受け、服装や持ち物の違反をせず、いじめやけんかはしない、当番や清掃をさぼらないなどの、数々の「してはいけないことをさせない」ことが、教師の重要な仕事であると信じていたのです。そのために日々細かく目を配り、「不適切な行動」にいかに早く気づいてその芽を摘み取るか、問題を起こさせないようにできるかが教師の力量だと勘違いしていました。

その結果、子どもとの関係はどんどん悪くなっていきました。校内合唱コンクールの練習を放課後にしていたときのことです。「集合が遅い」「声の出し方が足りない」「指揮に集中していない」……そしてついに、「そんなに歌いたくないのなら、帰りなさい！」と言ってしまったのです。私の数々のダメ出しのせいで子どもたちのやる気を失くさせていたのに、ついに我慢できずにそう言ってしまったのです。これで少しはちゃんとするかと思った私の期待は、見事に裏切られました。一人、二人と帰り始めたと思ったら、ほとんどの子どもたちが、ほんとうに鞄を持って帰ってしまったのです。

ドライカースの言うとおり、「現代の子どもはこのような専制君主を受け入れず、……彼らはこの支配的なボスの裏をかくために敵意と仕返しで反抗」してきたのです。思いがけない行動にショックを受け、すっかり自信をなくした私は、「これからどうやって教師を続けたらいいのだろう？」と途方に暮れました。子どもたちとの関係をどうやって改善していったらよいかと模索するなかで、アドラー心理学をもとにするある講座を紹介されました。そこで初めてアドラーの考え方にふれたのです。

「子どもを信頼しなさい」「子どもを尊敬しなさい」「子どもを勇気づけなさい」そして「子

どもの『不適切な行動』には目的があるのです」と言われました。しかしそれらは、そのときの私にとっては、ほとんど受け入れられないことばかりだったのです。

当時の私は、子どもを信頼するなんて無理だと思っていました。確かに信頼できる子どもはいます。でも問題を起こす子どものほとんどは、気に入らなければ反抗するし、目を離せば仕事をさぼり、ごまかそうとします。そんな子どもを信頼なんかできるはずがないと信じていました。どうやって信頼するの？　どうやって尊敬するの？　目的って何？　私のなかには疑問が浮かぶばかりでした。

貢献感で勇気づける

「とても受け入れられない」という第一印象の講座でしたが、一つ心にとまった言葉がありました。「貢献感は子どもを勇気づけます。自分がだれかの役に立っていると思えることほど、子どもを勇気づけることはないのです。特に思春期の子どもは敏感に反応します」という言葉です。まさに半信半疑でした。「しなければならないことさえやろうとしない、掃除なんか絶対しないあの子たちに、貢献感？」と思っていました。

⑴ 実践してみる

目の前の中学生を見ながら、とても彼らに貢献感などというものがあるとは思えませんでした。しかしいままでの自分のやり方、考え方ではだめなんだということはわかりました。もしかすると「貢献感などあるはずがない」というような思い込みこそ、うまくいかなかった原因かもしれません。いままでとは違うやり方を見つけなければならない、そんな思いがよぎりました。

当時勤務していた学校の第二学年に「それなりのワル」とレッテルを貼られた子どもが四、五人いました。担当した学年が違うので面識はありませんでしたが、同僚の先生に聞くと、問題行動が絶えないグループだとのことでした。授業中勝手にしゃべる、注意を無視して歩き回る、しばしば授業を中断させる、外見からしても、教師やほかの子どもに対する冷やかな目つきなど、確かにほかの子どもとは違う雰囲気をもっています。よおし、彼らで実践してみよう、貢献感がほんとうに彼らを勇気づけるのか、やってみよう、と思いました。ちょうど担任していた三年生を卒業させたばかりで授業もありません。時間はあります。偶然ですが材料もありました。校務分掌で担当していた図書室に、壊れかけた本棚があり、修繕して使うか廃棄にするか、私に裁量権がありました。壊されるのは覚悟のうえで、彼らに修繕を頼んでみよう、と思ったのです。壊れるか、直るか、可能性は五分五分だと思っていました。

ある日の昼休み、図書室に行くと、例の一団が隅に集まっていました。彼らは本を読みに来ているのではありません。集まれる場所が図書室くらいしかないからなのです。図書室の奥で何をするでもなく、ちらちらとこちらを窺っています。彼らを相手に、実践してみることにしました。

「あのさー君たち。ちょっと来てくれる？　頼みたいことがあるんだけど」

と呼んでみました。彼らにとって私は、なじみのない先生です。できるだけ穏やかに笑顔で話しかけました。彼らは怪訝な顔つきで、どうしようかというように顔を見合わせていましたが、叱られるのではなさそうだとわかると、ゆっくり近づいてきました。

「実は準備室に、壊れかけた本棚があるの。修理したいんだけど手伝ってくれる？」

と言って、彼らを準備室に入れました。最初は驚いた様子だった彼らも、背板がなくなって棚だけになった本棚と、張り付けるつもりのベニヤ板を見せると、だんだん目が輝いてきました。ベニヤ板をサイズに切って、本棚の裏面に張り付け、あとは釘で裏から打ち付けるだけの単純な作業です。

「悪いんだけど、職員室に行って、のこぎりと金槌と釘、借りてきてもらえる？」

と言うと、「わかった」と言うが早いか、かけだしていきました。しかしなかなか戻ってきません。すぐ下の階の職員室から持ってくるにしては遅いなと思いながら待っていると、ようやく皆、手に手に道具を持って戻ってきました。ちょうど昼休みは終わりです。

「明日の昼休みから作業したいので、来てくれる？」

と言うと、「わかった」と言いながら、教室に戻っていきました。

職員室に戻ると、ある先生が
「先生、ほんとうにあの子たちに、金槌やのこぎりや釘を持ってきてって頼んだの？　とにかくメンバーがメンバーだから、いろんな先生が、『だれに頼まれたんだ？　何をするんだ？　どこへ持っていくんだ？』と聞くものだから、あの子たち、なかなか図書室に戻れなかったのよ」

と教えてくれました。確かにあのメンバーがのこぎりや金槌、釘を持っている場面は見ようによっては物騒です。しかし彼らは、職員室であれこれ聞かれたことを少しも気にしている様子はなく、それも驚きでした。

次の日の昼休みから作業が始まりました。サイズに合わせてのこぎりでベニヤ板を切り、棚に釘で固定する作業ですが、なんでも力任せです。「のこぎりが一本しかないから」と言って、はさみでベニヤ板を切ろうとします。「釘は三センチ間隔でいいよ」と言っても、釘を打つことが楽しくてたまらないらしく、ほぼ一直線にびっしりと釘が打たれました。

毎日10分くらいの作業ですから、少しずつしか進みません。しかし給食を食べ終わると走って来ます。ところがある日の昼休み、だれも来ません。どうしたのかな、飽きてしまったのかな、と思いながら職員室に戻ると、彼らの担任が私に

「先生すみません。今日から宿題をやってこなかった生徒は、昼休みにやることになったのです。あのメンバーは全員宿題をやってこないので、今日は宿題をやっていました。みんな早く終わって図書室に行きたいものだから、必死になっていましたよ」

と言うのです。胸が熱くなりました。最初に彼らを見たときは、問題児と聞いて警戒する気持ちで見ていましたが、いまはまったく違います。一緒に作業をしていると、とにかく自分たちでやりたい、やらせてほしい気持ちでいっぱいなのです。活躍の場を与えれば、喜んで力を発揮するのです。彼らの貢献感ってやっぱりすごいのかもしれない。そう実感しました。

何とか使えそうな本棚が、とうとう完成しました。「ありがとう」とお礼を言い、本棚を

据え付けて作業は終わりました。修繕できるか壊れるか､可能性は半々と思っていただけに、ほんとうに感動しました。

本棚が完成してほどなく、私は転勤することになりました。四月、転任のあいさつのために久しぶりに学校を訪れると、本棚を修繕したメンバーがわざわざ会いにきてくれました。とてもさわやかな、いい笑顔で、「先生、いなくなるんだね」と言います。「そうなのよ。君たちも三年生なんだから、授業はちゃんと受けなさいよ」と声をかけると、「うん」と照れながら笑いました。

(2) アドラー心理学を学ぶ決心

こちらが助けてもらったのに、どうしてこんなに喜んでくれたのでしょう。私は彼らが活躍できるチャンスを提供しただけなのに、それが彼らをこんなに素直にしたのです。子どもたちは本来、だれかの役に立ちたいという願いをもっているのです。役立つことによって、仲間として認めてもらいたいという思いと、役に立てる自分の力、体力だったり、知力だったりが自分自身に備わっていることを確認したいのではないかと思います。人の役に立てるという実感は人を勇気づけるのです。そう確信しました。

中学校でちょっとワルぶっている子どもは、不適切な行動で居場所を見つけている子どもです。教師や親のコントロールに反抗し、教師の指導を無視するという方法で自分たちの力を実感し、そしてグループになることで、居場所と仲間を見つけているのです。アドラー心理学でいう「行動には目的がある」とはそういうことなのです。

そういった子どもに、「対処する方法は、力を求めている子どもが常に野心的であることを知り、その子の野心を有益な道筋に向け直そうとすることです。その子にほかの子どもへの援助を求めたり、何らかの名声が感じられる責任ある地位を与えるのもよいでしょう」とドライカースは言っています。のこぎりや金槌を使う作業が彼らの野心に火をつけたのか、昼休み、自分たちだけに特別に頼まれた仕事だったことが彼らの満足感につながったのかはわかりません。しかし彼らを勇気づけることができたのは確かです。

その後、三年生に進級した彼らに再会したのは、市内の学校別相撲大会でした。彼らは相撲の学校代表として晴れやかな顔で参加しており、そのときも私を見つけて声をかけてくれました。彼らはそのエネルギーを仲間からも教師たちからも注目・賞賛される形で発揮することができていたのです。もう服装違反や、授業中のおしゃべりで教師と力比べをする必要もなくなったのでしょう。

アドラー心理学は具体的に使う心理学です。私も最初は半信半疑でしたが、使ってみたら子どもの反応が思ってもみなかった結果となって返ってきました。そしてそのたびに、自分のいままでの思い込みが打ち破られていきました。ようやく「子どもを信じる」とはどういうことか、「信頼・尊敬する」とはどういうことか、実感できるようになったのです。

『勇気づけの心理学 増補・改訂版』（岩井俊憲著）によれば、相互尊敬・相互信頼の関係を築こうとするとき、「こちら側が、①より早く尊敬・信頼する、②より多く信頼・尊敬する、ことが必要です」とあります。これに照らせば私は失格です。半信半疑、心のなかでは疑い、心配ばかりしていたのですから。それでも子どもたちのほうが、信頼・尊敬を返してくれたように感じます。「どうやって相互尊敬・相互信頼の関係を目指すのでしょう。要は決意と持続の問題です」とあります。子どもを信頼し尊敬しようと決意し、持続することが、教師の仕事なのかもしれないと思います。

ほんとうに子どもを勇気づけられる民主的な教師とは、「親切ですが毅然としていて、子どもが学ばねばならないことを学ぶように動機づけ、子どもが間違いをしたときには勇気づけ、子ども各々を意志決定に参加させることによって秩序と日課を維持します」と書かれています。教師としても目標が決まりました。可能性も感じられます。完璧にはできないかもしれないけれど、やってみよう、そう私が勇気づけられた出来事でした。

第4章

共同体感覚

1 学級づくりに生かす共同体感覚

会沢信彦

さて、ここまで、子どもの問題行動に対する理解の枠組み（子どもの不適切な行動の四つの目標）をもち、「勇気をくじかれた」子どもに対する「勇気づけ」を重視するアドラー心理学こそが、まさに「学級づくりに生かせる心理学」であることをご理解いただけたことと思います。

ところで、最近、子どもの社会性の低下が叫ばれ、学校教育のなかで社会性を育てることの重要性が指摘されています。このようななかで注目を集めているのが、カウンセリングや教育相談を生かした、集団を対象とした心理教育的プログラムです。これらのプログラムはそれぞれの目的や技法を有するものの、共通する部分もかなりあります。私は、これらに共通する理論的背景が、アドラー心理学で説明できると考えています。

これこそが、「不適切な行動の四つの目標」「勇気づけ」と並んで、アドラー心理学の立場から教育を語る際に欠かせない概念である「共同体感覚」です。

共同体感覚とはどのようなものか

教育に限らず、アドラー心理学における最重要概念ともいうべきものがこの共同体感覚です。アドラー心理学においては、「不適切な行動の四つの目標」が子ども理解の原理、「勇気づけ」が支援や介入における方法原理であるとするならば、共同体感覚は、教育、カウンセリング、セラピーに共通する目標原理であるといえます。つまり、アドラー心理学では、セラピーもカウンセリングも教育も、めざすものは「共同体感覚の育成」であると考えるのです。

言いかえれば、共同体感覚は精神的健康のバロメーターであると言うこともできます。精神的に健康な人とは、高い共同体感覚をもった人なのです。反対に、大人も含め、さまざまな問題行動や精神病理は、共同体感覚が欠如していることの表れであるとアドラー心理学では考えます。

では、共同体感覚とはどのようなものなのか。私は、次のような意識や態度の総体であると考えています。

(1) 他者や世界に対する関心

自分以外の他者や世界に関心をもち、相手の立場に立てることです。したがって、カウンセリングで重視される「共感」は、共同体感覚の一部であるといえます。ちなみにアドラーは、「相手の目で見、相手の耳で聞き、相手の心で感じる」ことが共感であるとしています。

(2) 所属感

「自分は所属する共同体（家族、学級、学校、地域、国、世界……）の一部であり、その中に自分の居場所が存在する」という意識です。なお、アドラー心理学で指摘する「共同体」は、特定の集団や組織ではなく、それらを含みつつも、究極的には宇宙全体まで広がるような概念であるとされています。

(3) 貢献感

「自分の所属する共同体のために、自分には何かしら役に立てることがあり、また役に立ちたい」という意識です。その背景にあるのは、「自分は共同体から必要とされる存在である」という感覚です。

(4) 信頼感・安心感

(1)から(3)のような意識で満たされたメンバーから成り立っている集団や組織は、お互いが強い信頼感で結ばれているはずです。そして、そこでのメンバーはまた、「自分はここにいていいのだ」という安心感で満たされていることでしょう。

(5) 協力

このような集団や組織での人間関係は、お互いが敵対しいがみ合う競争の関係ではありません。むしろ、一人一人のメンバーがそれぞれのもち味を発揮して助け合う、協力の風土が築かれているはずです。アドラー心理学は、共同体感覚の具体的な表れとして、協力という態度や行動をことのほか重視します。

(6) 相互尊敬

なぜそのような集団や組織が信頼感や安心感で満たされ、協力の風土が築かれているかといえば、メンバーがお互いをかけがえのない大切な存在であると認め合っているからに違いありません。つまり、お互いが尊敬し合う関係なのです。なお、アドラー心理学における「相互尊敬」とは、「まず自分が相手を尊敬する」ことを意味します。

共同体感覚の育成が求められる三つの理由

私は、アドラー心理学の主張するように、わが国の学校教育が第一にめざさなければならないのは、この共同体感覚の育成であると考えています。では、いまなぜ共同体感覚の育成が求められるのでしょうか。私なりにその理由を三点にまとめてみました。

子どもの社会性を育てる（予防・開発的アプローチ）

一点目は、社会性が共同体感覚と関係するからです。

近年、学校におけるさまざまな問題の背後に、子どもたちの社会性の未熟さが存在すると指摘されています。そして、最近の教育相談・生徒指導の大きな流れとして、子どもたちの起こす問題に事後的に対処する（治療的アプローチ）だけでなく、心理教育的プログラムを通して子どもたちの社会性を積極的に育てていこう（予防・開発的アプローチ）とする気運が高まっています。そして、学校で活用できるさまざまなプログラムが盛んに研究・実践されています。構成的グループエンカウンター、ソーシャルスキル教育、ピア・サポートプログラム、グループワークトレーニング、対人関係ゲーム、社会性と情動の教育などがその代表的なものでしょう。

これらのプログラムはそれぞれ理論的背景と独自の技法をもち、それぞれの相違が強調されることが少なくありません。いっぽう、現場の先生方は、これらについては相違点よりも共通点のほうが多いように感じているのではないでしょうか。実際、「よいところ探し」などのエクササイズ（ワーク）は、構成的グループエンカウンターでもソーシャルスキル教育でもピア・サポートプログラムでも登場します。そして、私もまた、これらのプログラムは相違点よりも共通点のほうがはるかに大きいように感じています。誤解を恐れずに言えば、相違点が3に対して共通点が7というのが私の実感です。

私はその理由を、それぞれのプログラムは独自の理論と技法を有しているとはいえ、基本的には同じものをめざしているためではないか、と考えています。そして、それこそが「共同体感覚の育成」だと思うのです。

広い意味での学力の基礎を育てる

二点目は、学力も共同体感覚と関係するからです。

近年、各国の教育の成果を示すバロメーターとして、「OECD生徒の学力到達度調査（PISA）」が注目されています。経済開発協力機構（OECD）によって二〇〇〇年から三年ごとに実施されている国際的な学習到達度調査です。

そこで測定される、広い意味での学力の基礎にあるといわれているものが「キー・コンピテンシー」です。それは、表のような三つのカテゴリーからなるとされていますが、その一つが「多様な集団における人間関係形成能力」です。具体的には、①他人と円滑に人間関係を構築する能力、②協調する能力、③利害の対立を御し、解決する能力、であるとされてい

(1)社会・文化的，技術的ツールを相互作用的に活用する能力	○言語，シンボル，テクストを活用する能力 ○知識や情報を活用する能力 ○テクノロジーを活用する能力
(2)多様な集団における人間関係形成能力	○他人と円滑に人間関係を構築する能力 ○協調する能力 ○利害の対立を御し，解決する能力
(3)自立的に行動する能力	○大局的に行動する能力 ○人生設計や個人の計画を作り実行する能力 ○権利，利害，責任，限界，ニーズを表明する能力

キー・コンピテンシーのカテゴリーと内容（文部科学省ホームページによる）

ます。これは、「社会性」や「人間（対人）関係能力」と呼ばれるものとほぼ同義と考えてよいように思われます。

わが国においても、子どもたちにおける社会性の低下が叫ばれ、前述のようなさまざまな心理教育的プログラムが導入されてきました。わが国では、これらは学力形成というよりはむしろ生徒指導上の問題意識から注目されてきているように思います。しかし、ＰＩＳＡ調査では、このような能力もまた広い意味での学力の重要な一側面であると考えられているのです。

私には、このような能力の背景にあるものもまた、共同体感覚であると思われてなりません。

まずは集団形成の楽しさを味わわせたい

第三に、共同体感覚の育成は、個の確立よりも時間的に先でなければならないと考えられるからです。ただし、これには異論もあるでしょう。この点に関しては、現在のところ私は内田樹の見解をよりどころとしています（『街場の教育論』）。

内田は、いじめの根底にあるものは、「いまの子どもたちが『集団を形成すること』と『個体として孤立すること』の二つの要請を同時に受けていて、深い混乱のうちにあること」であるとしています。そして、子どもたちは本来、まずは集団を形成することの楽しさを知るのであり、個性が出現したり、「個性的であれ」と教えるのはその次の段階なのだといいます。しかし、いまの教育現場では、本来集団の形成を体験するべき時期に、個性的であることを求められているというのです。

特別支援教育をはじめ、かつてよりも「個に応じた指導」が求められているのが現在の学校教育だといえましょう。教育の目標としても、「自律」「自己指導能力」などの言葉が語られることが少なくありません。エリクソンが青年期の発達課題とした「アイデンティティー」や「自己実現」という言葉も、広い意味での「個の確立」を意味しているといえるでしょう。

しかし、内田は、個性の発現やアイデンティティーの確立の前に、集団形成や協同の経験がなければならないと主張するのです。これは、「個の確立」に先だって「共同体感覚の育成」が行われなければならない、ということではないでしょうか。共同体感覚をはぐくむことこそが、教育の初期段階では何よりも重要であるのです。

共同体感覚をはぐくむために教師にできること

では、共同体感覚をはぐくむために教師にできることは何でしょうか。それは、ひとことで言えば、学級や学校を、「教育力のある集団」にすることです。

まず、子どもの生活単位である学級を、教育力のある集団にしなければなりません。教育力のある学級集団とは、河村茂雄のいう、ルール（秩序）とリレーション（あたたかな人間関係）のある学級であるといえるでしょう。

そのための具体的な手段が、さまざまな心理教育的アプローチであるといえるでしょう。特に、アドラー心理学を生かした学級づくりのアプローチとして注目されているのが、第2節で紹介する「クラス会議」です。

そして、学校全体もまた教育力のある集団である必要があります。教育力のある学校とは、志水宏吉の提唱する「力のある学校」とほぼ同義であると思われます。ちなみに志水は、「力

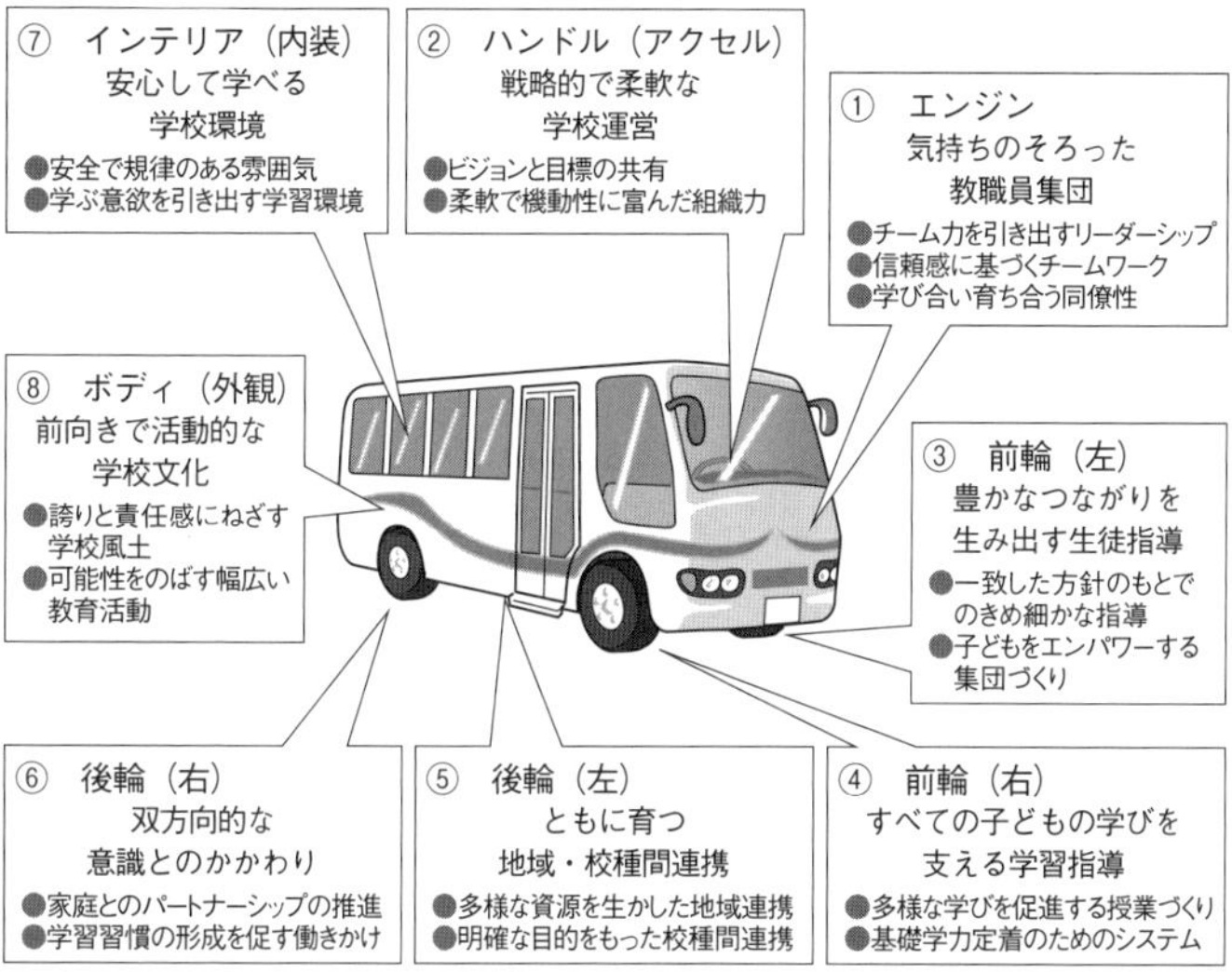

「力のある学校」のスクールバス・モデル

のある学校」を、図のような「スクールバス・モデル」でとらえています。

さまざまな子どもたちが集団生活を送る学級、そして学校という場こそ、共同体感覚を育成する絶好の場所なのです。いまこそ、「共同体感覚の育成」を意識した学級づくり、学校づくりが求められているといえるでしょう。

2 アドラー心理学のエッセンスたっぷり！「クラス会議」を始めよう！

森重裕二

「クラス会議」ってどんなもの？

「クラス会議」は、毎日行う短時間（十～三十分）の活動です。とてもシンプルなので無理なく続けることができるうえに、アドラー心理学をベースにした学級経営のエッセンスがたっぷり詰まっています。続けることで、子どもはもちろんですが、教師も学ぶことが間違いなくたくさんあります。「クラス会議」を始めるために必要なものは三つです。これを準備すれば、クラス会議の準備はOKです。

①ぬいぐるみ（これを持っている人だけが話せるトーキングスティック）
②議題を書く紙
③議題箱

「クラス会議」でやることは、以下の三つです。

①輪になる
②ありがとう見つけ
③議題の話し合い

この三つの活動を毎日続けます。

シンプルすぎるので、「毎日やってて飽きないの？」とよく質問されるのですが、それはありません。むしろ、子どもたちはとても楽しんで取り組みます。そして、もっとも大切なことは、毎日の活動のどこかに位置づけることです。朝の時間をおすすめしていますが、無理な場合はそれぞれ設定できる時間を工夫してください。初めのうちは、もしかしたら輪になるだけで時間が過ぎてしまうかもしれません。しかし、続けていればだいじょうぶ。だんだんとできるようになっていきます。できないことよりも、できるようになってきたことに積極的に目を向けて、楽しんで取り組んでください。それでは、それぞれの活動について、詳しく説明していきましょう。

活動① 輪になる

教室の机を端に寄せて、椅子を使って輪になります。よくフルーツバスケットなどの遊びをやるときのイメージで、全員が顔を見合わせられるように内側を向くようにします。だれと隣になるか、みんなが入れているかなど、さまざまなことが課題となる「輪になる」ことにはたくさんの学びが詰まっています。座り方が議題として話し合われることもしばしば。続けていれば、この輪になって行う「クラス会議」が特別な場所であることが理解できるでしょう。

活動② ありがとう見つけ

輪になったら、初めの活動は「ありがとう見つけ」です。隣に座っている友達に「ありがとう」を伝えます。初めの子からぬいぐるみなどのトーキングスティックを順に回していきます。言えない場合は「『パス』してもＯＫ」というルールを事前に示しておきます。トーキングスティックは、「持っている子だけが話せる」ということを示すものですが、同時にどの子にも発言のチャンスがあるというメッセージになります。子どもたちは、「昨日遊んでくれてありがとう」

「なぐさめてくれてありがとう」

「元気に学校に来てくれてありがとう」

など些細なことを伝えることでしょう。言われている子はほんとうにうれしそうな表情でニコニコです。初めは全員がパスすることもあります。でも、続けていれば、必ず全員が言えるようになります。

活動③　議題の話し合い

そして、「議題の話し合い」です。この活動のために、教室に「議題箱」と「議題を書く紙」を置いておきます。その「議題箱」に入った「議題」を読んだ後、「ありがとう見つけ」と同じように、トーキングスティックを回して解決のアイデアを出し合います。

「議題」は子どもたちが困っていることを扱うのですが、人ではなく問題に焦点をあてるために「イヤな思いをする人がいないようにする」ということをルールとして示しておきます。もめごとであれば「相手の名前を書かない」ということも初めは大切なことかもしれません。そして、以下の手順で話し合います。

①議題を読む。
②トーキングスティックを回して、解決のアイデアを出し合う。
③議題を書いた人が解決策を一つ選んで、みんなにお礼を言う。

アイデアを出し合う前に議題の場面についてロールプレイをするようにすると、子どもたちはとても盛り上がり、議題の様子をよく理解することができます。「議題の話し合い」は、とても盛り上がって楽しい時間になります。ある日の話し合いを紹介します。

議題　「読書の時間に遊んでいる人がいて、読書に集中できません。どうしたらいいですか?」
アイデア　①気にしないで読む。

②「静かにしてー！」と言う。
③「もう！」って言う。
④おすすめの本を「おもしろいよ！」って渡してあげる。
⑤抱きしめる。
選ばれたアイデア　「おすすめの本を渡してあげる。」

議題　「登校中、低学年の子が並んでくれません。どうしたらいいですか？」
アイデア　①「ちゃんと並び」って言う。
②だれかに助けてもらう。
③低学年の先生に相談する。
④無視する。
⑤ちゃんと並べたねカードを作って、毎日サインをしてあげる。
選ばれたアイデア　「ちゃんと並べたねカードを作る」

このように、子どもたちの解決のアイデアは、ほんとうにユーモアに満ち溢れていて、楽しいものです。議題を書いたときは、困っていたり、悩んだりしていたはずのことを、楽しみながら話し合います。

この議題の話し合いによって、たくさんの問題の解決を経験したり、アイデアを出し合ったり、助けてもらったりする経験をすることで、勇気をもって自分たちの周りの問題を解決しようとする態度であったり、周りの友達と協力し合ってやっていこうというような態度を自然と身につけていきます。クラス会議を続けていると子どもたちが見せるようになる、この周りの友達に対する関心や、みんなのために勇気をもって行動しようとする態度は、アドラー心理学で大切にされている「共同体感覚」というものでしょう。「共同体感覚」ってどんなもの？　といわれると、一言ではうまく説明できないのですが、クラス会議を実践していけば身をもって感じることができるはずです。ぜひ、チャレンジしてみてください。

クラス会議を通して、たくさんの解決を経験した子どもたちは、困ったことがあったときに「先生、ぼくらだけで解決できるよ！　だいじょうぶ！」とたくましいことを言うようになるでしょう。すごいですよ。

「クラス会議」で子どもたちが学ぶこと

毎日のクラス会議は、そんなに派手なものではなく、シンプルなものです。シンプルな活動であるうえに扱うことも些細なことです。しかし、教室で起こる些細な出来事を通して、子どもたちが学ぶことはとてもたくさんあります。シンプルにいうならば、それは勇気と責任、協力、そしてライフスキルです。これはアドラー心理学のエッセンスそのものです。

「クラス会議」はシンプルで短時間の活動なので、どのクラス、どの学校でも導入することが可能です。そして、教師自身も「クラス会議」を実践するなかから、大切なエッセンスを学ぶことができます。できることなら、大きな声で「学級経営のベースにクラス会議を！」と叫びたいくらいです。おすすめです。

「クラス会議」で十分な練習時間を！

シンプルな活動である「クラス会議」は、毎日続けると年間約二〇〇回になります。始めてすぐには結果が出ないかもしれません。が、それでいいんです。大切なのは子どもたちのカンペキな姿ではなく、「クラス会議」を通して学ぶプロセスにあります。「クラス会議」は、時間をかけて何度も経験をしながら学ぶ場所。いつの日か実生活でうまくやれるようになるために、できるだけ時間をかけてあげてください。「クラス会議」を気長に続ければ間違いなく、子どもたちの姿からそのパワーを実感することができるでしょう。アドラー心理学のエッセンスたっぷりの「クラス会議」、おすすめです。ぜひ取り組んでみてください。そして、じっくり子どもたちがパワーアップしていく姿、ステキな雰囲気がクラスに醸成されていく様子を楽しんでみてください。

「クラス会議についてもう少し詳しく教えてほしい」「クラス会議をやり始めたけどうまくいかない……」などの相談があれば以下の連絡先までどうぞ。クラス会議に取り組んでいるメンバーがいますので、何か力になれるかもしれません。連絡をお待ちしております。

教育カウンセリング等勉強会「ＲＨＯＤＵＲＵＳ」店長　森重裕二
rhodurus@dancing-monkey.net

3 共同体感覚を育む教師同士の関係づくり

杉村秀充

学校は、子どもたちの幸せを願い、一人一人の子どもの無限の可能性を引き出し育むところです。またそれは子どもと教師の学びの共同体でもあります。それゆえ教師と子ども、教師同士、子ども同士が互いに相互尊敬・相互信頼をベースにした関係が必要になります。まさに学校教育の場合、共同体感覚を育むことが教育のベースとして大切になってくるといえます。ここでは共同体感覚を育む教師同士の関係づくりについて述べていきます。

現在多くの学校で、初任者、ベテランを問わず多くの教師が悩み苦しんでいます。この状況をなんとか打ち破り、教職員が元気になり自信をもって子どもの指導にあたるためには、教職員の人間関係づくりを共同体感覚を育むような視点で組織的・計画的に行いたいものです。

一 年度初めに組織への仲間入り（所属感）

四月は、年度初めであり、転出転入も多い時期です。そのため何かと人間関係に気を遣いがちになります。特に新しく転入した教職員は不安でいっぱいです。迎える側もどんな人かと興味津々でいます。学校では、教職員の人間関係の善し悪しが多くの面で影響を与えます。特に学年集団では一年間チームを組んで学習指導や生徒指導、行事、学年分掌事務、保護者対応など多岐にわたりかかわり合いが深くなります。

そこで、まずは四月当初の新任者の歓迎会で、参加者全員が自己開示を入れた自己紹介を行います。例えば「この学校は二回目の赴任で、二十五年前に六年間お世話になりました。ちょうどそのころの子どもたちが保護者になっているのではないかと心配しています」などと各自がユーモアを入れながら行うとよいでしょう。そうすることにより教職員の人がらを知り、ほっと安心し、所属感を感じるのです。初めて顔を合わせる職員会議や現職教育全体会等でも、まず始めに、人間関係づくりのエクササイズ（構成的グループエンカウンター）をするといいでしょう。例えば、「質問じゃんけん」「二者択一」などのエクササイズを行ってお互いを理解し合う時間を確保するなどです。まずは教職員が学校の一員であるという所属感を味わい、同僚の教職員に親しみを感じ、少しずつ信頼感ももてるようにするのです。このように初めて行ういろいろな会議の折に簡単なエクササイズを行ったり、グループワークを行いながら、学校を組織として機能させていくと教職員の関係づくりが無理なく始められます。

重点目標等の企画立案に参画（貢献感）

次に、教職員がこの学校のために役に立っていると感じること（貢献感）が重要です。そのためには､学校の重要な目標づくりに全教職員を積極的に参画させるようにすることです。特に各学校の教育目標や重点目標、現職教育の研究主題、生徒指導目標などの企画立案に少しでも参画させるように工夫します。例えば、職員会議や現職教育全体会で、重点目標をつくるときなど、ブレーンストーミングを行い、全員の考えや意見を生かすのです。そしてＫＪ法でグルーピングし、このグループの考え方はこうであるとまとめ発表するワークショップ型を取り入れると効果的です。時間はかかりますが、参加者全員の意見が平等に生かされるので、尊重されたと感じ、学校の教職員組織の一員としての貢献感を味わうことができます。初任者も自分の意見が認められ、所属感とともに、この学校のために役立つことができたという貢献感が湧き、自己肯定感も育ちます。

研修会の工夫（信頼感・自己受容）

ワークショップ型の研修が現在多くの学校で行われています。その一例として、学級づくりに役立つ研修として、「楽しい学校生活を送るためのアンケートＱ－Ｕ」を使ったＫ－13法を用いた研修会があります。この研修では、事例提供者である担任が元気になるように参加者全員が協同で勇気づけを行う研修会です。この研修会のねらいが教師の集団づくりにつながっています。

ねらいは五つあります。すなわち

①解決志向でいく（原因探しをしない）
②結論は一つだけではない（多様な解決策）
③教師に原因を求めない（教師の指導行動と学級や子どもとのマッチングの問題）
④事例提供者を援助する（組織で対応）
⑤事例提供者が最終的に対応方針を決定（自己決定性と信頼感）

この研修会は、参加者全員が事例担当者の「学級担任記入用シート」に沿った説明を聞いて、該当学級のアセスメントをするのです。六人程度のグループに分かれて各自の意見を付箋紙に書き、それをブレーンストーミングとKJ法で画用紙にまとめます。まとめた意見を全体の場で発表するというものです。

意見をまとめる過程で司会、まとめ、発表、計時等の役割を全員で分担することによって協力することを実際体験しながら学ぶことができます。同様にアセスメントした後は今度はその解決策を同じようにグループに分かれて考え、まとめ、さらに全体発表します。

このように二回にわたりグループでの話し合い活動を体験するなかで、仲間と共に考え作業をすることを通して、だれもが主体的に参加し、対等に扱われ、相互尊敬・相互信頼へとつながるのです。この研修のいちばんの利点は、事例提供者の学級担任が、全職員のアセスメントを聞くことができ、さらには数多くのすばらしいアイデアに富んだ解決策から、最終的に自分ができそうな解決策を自分で自己決定できるという点です。さらにその自己決定に対して、参加者全員の拍手で終わるというように、信頼感とともに自己受容感も育つのです。

このようなワークショップ型の研修は、研究授業後の反省会にも多く行われています。全員が授業の感想を付箋に書き、それをグループで検討し、全体で発表するものです。やり方はほとんどＫ－13法と同じです。研究授業で授業者だけでなく参加した全員が生き生きとし、所属感はもとより信頼感や貢献感をもち、自己受容するのです。この研修法をもっといろいろな場で活用したいものです。

例えば、行事の見直しや研究主題の設定、授業の仕方等です。特に、授業においてワークショップ型の提案も見られるようになってきています。これは、子ども一人一人が学級や学校に所属感を感じることができ、共に学び合う者として他者を信頼し、ひいては自分も学級や学校のためにもなるという貢献感にもつながると考えられます。そしてたとえ欠点があったとしても、自分を受け入れ、自分の未来に向かって前向きに生きていこうとする自己受容感を育てることにもなるのではないかと信じています。

共同体感覚を育むことで集団的効力感も高くなる

りっぱな教師が一人でがんばっても学校はよくなりません。かえって浮いてしまい、悩み苦しみ、疲れ果ててしまいます。教師集団がよくならないと成果は出ないといわれています。「一人の百歩前進よりも、百人の一歩前進」をめざしたいものです。教師の協働がいまもっとも求められています。そのためには、共同体感覚に満ちた教師（共感できる、貢献できる、一体感がある、相互尊敬で接する、相互扶助できる、所属感がある、賞賛・報酬を求めない態度である、ヨコの関係で指導する等）をめざしたいものです。

最近、『学校組織の信頼』（露口健司著）を読んで驚きました。そこには、「教師の自己効力感・チーム効力感・集団的効力感」について、次のようなことをまとめています。

……教師の自己効力感が高いと次の三点で効果がある。

①授業・学級経営レベル
②教師の職務態度
③子どもの学力等

それ以上に集団的効力感が高いと、さらに次の四点で効果がある。

①教師の自己効力感を高める
②バーンアウトを抑制する
③集団的効力感の高い教師は低い教師に比べて組織コミットメントが高い
④組織での目標一致が促進される

これらのことから、やはり、教師個人の効力感に比べ教師集団での効力感はかなり高いということができると実感しました。また、「学年単位のチーム効力感が、学級集団効力感の向上を媒介して、学校信頼を高めていることが明らかにされた」とあり、驚くとともに経験則でしか思っていなかったことが確かめられました。

「そうだ、まずは学年集団から一致団結し、それを突破口にして学校をよくしていこう」と、学年集団の果たす役割の大きさに確信をもつことができました。そのためにはまずは共同体感覚を育むことから始めることです。

まとめ

アドラー心理学における共同体感覚の必要性が浮かび上がってきています。特に、学年集団の果たす役割が再発見され、その重要性はますます顕在化しています。所属する学年集団の所属感、協働性、信頼感、貢献感を育み、学校の核となる学年集団につくり上げていく必要性が増しています。

今回、「アドラー心理学ってすばらしいなあ、最新の教育心理学で検証されてきていることが、すでに百年も前にアドラー心理学でいわれている」と改めて感じました。例えば、「協働的な教師集団の雰囲気が教師の組織コミットメントを高めることが実証的に確かめられている」「教師の学校組織へのコミットメントは、教師個人の力量形成だけではなく、同僚教師との協働的な人間関係にかかっている」などです。まさに、アドラー心理学の共同体感覚と共通するものが多いように感じ驚くとともに、アドラー心理学は現在の教育問題の解決に大いに役立つと確信しました。

第5章

こんなときどうする

1 保護者からのクレーム

杉村秀充

最近保護者からのクレームが多くなり、新採用の教師が悩んで苦しんだあげく、休職したり、辞職していくということをよく耳にするようになってきました。さらにこの傾向が、若手の教員のみならずベテランの教員にも見られるほどになってきています。鬱で悩んで休職中の教師も多いようです。

困っている保護者が多い

核家族化が進み、育児や子育てで困っていても、だれにも相談できずにいる保護者も多いようです。とりわけ子どもに発達障害があったり、非行などの問題行動があったり、いじめや不登校等に悩んでいる保護者にその傾向は強く見られます。親同士で気軽に悩みを相談できる人はよいのですが、人間関係が希薄な現在では、なかなかそれもむずかしいのです。子育てでいろいろな悩みを抱え込んでいる保護者が、学校教育に強い関心をもっています。

過保護な親と甘やかされた子

少子化が進むなか、兄弟姉妹の数が少ないうえに、保護者も子どもをどうしつけたらいいのかわからなくなっているようです。それゆえ、子育てに自信のない親が過保護になりやすく、子どもを甘やかす傾向が見られます。このことが、本来子どもが自ら経験し、学んで身につけていかなければならない社会性の習得を阻害することになっています。そんな過保護な親は何でも先回りし、子どもに失敗をさせないのです。失敗を恐れる保護者は、子どもの自立を妨げていることにまったく気づいていません。過保護な親に育てられた子どもは、失敗を恐れ、チャレンジすることを嫌がる子どもになってしまいます。まさに勇気をくじかれた子どもになるのです。

何が保護者をクレーマーにしてしまうのか

学校や教師の対応に不平不満をもつ保護者のなかから、クレーマーが出てきます。それはなぜでしょうか。

学校の指導や対応が、悩み苦しんでいる保護者の立場になっていなかったのではないでしょうか。教師の上から目線での言い方や指導の仕方、教師サイドの見方で考えた形式的で融通性のない指導・助言など、教師の対応のまずさが影響していたとは考えられないでしょうか。教師が保護者の立場に立って、共感的に対応していれば防げた事例は多いはずです。クレーマーになるか支援者になるかは、学校側ひいては教師の対応にかかっているといっても過言ではありません。

善意からのクレーム

困っている保護者の場合のクレームは、大きく二つに分けられます。一つは、善意からのクレームであり、もう一つは悪意のあるクレームです。

クレームのほとんどは善意からのクレームです。保護者は困ってはいるものの、最初から学校を脅そうなどという意図はないのです。しかし学校側や教師の対応が不適切で問題がこじれ、権力争いになり、妥協できなくなってしまう場合があります。保護者も教師側も非を認めず、泥沼化していきます。そして保護者はクレーマーになり、さらに闘いを挑んできます。それでも学校側が謝罪しないと、最終的に何でもかんでも大騒ぎをして学校を困らせ、言い分を飲ませようとするのです。

保護者が善意からのクレームを言ってきたときに、学校が適切な対応をしていれば、保護者は教師に相談してよかったと感謝して、以後学校の支援者になるはずです。教師の親身な対応や助言が、結果的に困っていた保護者を救ったことになるからです。

善意からのクレームの事例……………

小学校五年生のN男はパニックを起こすと、掃除道具入れに閉じこもり、ほかの子どもがそれを見てからかうとほうきで殴りかかったりします。殴られた子どもの保護者たちから担任に、「N男を転校させてほしい」などの要望が出されました。担任は、N男の母親から常々相談を受けていましたので、N男が発達障害であり、パニックになると安全な場所に閉じこもるということを知っていま

した。

そこでクレームを言いにきた保護者とN男の母親を交えて、話し合いをもち、お互いに気持ちを伝え合いました。その結果、保護者もN男の状況や母親の苦しみなどに理解を示し、協力を約束してくれました。そして保護者からの苦情はなくなりました。以後時々パニックは起こしましたが、ほかの子どももひやかすことなくあたたかく見守り、N男も落ち着いてきました。担任教師をはじめ学校側の対応のよさで、N男もその母親も苦情を言いにきた保護者も仲よくなり、無事卒業することができた事例です。

善意からのクレームに対する基本的な対応

善意の保護者に対しては、単なるクレームが無理難題に発展しないように適切な対応をする必要があります。

(1)保護者の訴えに対して、速やかに対応することです

アドラー心理学では、「共感とは、相手の目で見て、相手の耳で聞き、相手の心で感じること」であると考えています。クレームがあれば、まずはできるだけ速やかに対応します。できれば時間をとり家庭訪問をします。その場合は単独では行かずに複数対応を原則とします。言ったˎ言わないで、もめないためであり、さらには初期対応を間違えないためです。「ボタンの掛け違い」がないよう十分に配慮します。

(2)保護者の意を十分くみ取り、相手の悩んでいる気持ちを十分に傾聴することです

教師の側に言いたいことがあっても、ここは相手の思いを十分に聞き出すのが目的です。依頼や要望があってもここでは返事をせず、もち帰らせてもらいます。「学校でしっかり検討してから後日ご返答いたします」と伝えることが重要です。そして学校で検討しだいすぐに返事を伝えにいくことです。その積み重ねが信頼関係を育むことにつながっていきます。

(3)学校としては、緊急に関係者を集めてチームで対応することが原則です

担任を支えるチームでよく相談し、役割分担をして対応すると、教師同士の共同体感覚がより身につき、絆も深まります。例えば、子どもは担任、父親には学年主任、母親には養護教諭、児童相談所や警察には生徒指導主事、民生・児童委員には教頭、教育委員会には校長などと役割分担をして協働であたります。

(4)卒業するまでサポートをし、引き継ぎ等もしっかり行います

学年が変わっても継続的に支援します。いじめの場合など、せっかく学級を分けたのに、また二年後にいじめっ子と同じ学級になったということのないようにするためです。

（5）Win-Win 関係

Win-Win 関係とは、教師も勝ち、保護者も勝ちということ、すなわち引き分けのことです。敵対関係ではなく、教師も保護者も勝ちもしなければ負けもしないということです。相手に勝つことばかり考えていたらもめごとは収まりません。お互いが勝ち負け無しで共通の目標を決めて一緒に解決にあたるという考え方であり、これこそが共に協力できる道なのです。

（6）ポジティブな面を探し、ポジティブな循環を増やすようにして、保護者のいいところをできるだけ見つけるようにします

そのためにも相手の感情を理解します。言葉にして伝えると相手は「わかってもらえた」と感じ、ポジティブな面が大きくなります。ひいては教師との人間関係も少しずつ形成されていきます。

悪意のあるクレーム

まれにではありますが、悪意のあるクレームを訴える保護者も存在します。例えば、「クレームをつけることで、金品の要求を突きつける場合」や「別のことに対する不平・不満を学校にぶつけることで欲求不満を晴らそうとする場合」「クレームの改善・実現が目的ではなく、クレームに戸惑う相手の様子を見て快感を得る場合」など、どれも理不尽な要求を突きつけてくる場合です。

悪意のあるクレームに対する基本的な対応

悪意のあるクレームの場合は、尊敬・共感などといった基本姿勢だけではどうしようもない事例があります。この場合の緊急対応の基本原則は、学校として、毅然とした対応をとるということです。

教育委員会と緊密に連絡を取り合い、必要に応じて関係諸機関（警察、児童相談所、家庭裁判所等）と連携して、理不尽な要求に屈しないことです。

学校がまじめに誠意をもって対応しようとしても、初めから脅して金品を取ろうとするような要求は断固として断ります。「マスコミに訴える」とか、「裁判を起こす」とか、「慰謝料を支払え」等々の内容に応じて、出るところに出て闘うという姿勢を見せることが大切になってきます。「うちの子が○○に被害を受けたので、相手に弁償させろ、家に来て土下座させろ」などの要求には、「学校ではこれ以上調べられませんので、どうか警察に被害届を出してください」などと穏やかではあるが毅然と伝えます。大概の場合、理不尽な要求であることを自覚しているようで、警察に訴えることはしないで要求はしぼんでいきます。大切なことは、学校が脅しや嫌がらせに負けないことです。一度要求をのむと際限なく要求は拡大します。学校は常に最悪の事態を考えて準備をして、関係諸機関と緊密な連携を常時とれるように準備しておくことです。

まとめとして、教師も保護者も共に「子どもの幸せ」を願っている仲間であるという根本に立ち、保護者の立場になって話を聞き、対応したいものです。そうすれば、ほとんどの保護者が、クレーマーになることはないでしょう。

うちの子が被害を受けた
弁償させろ!!
警察に被害届を出してください

2 体罰をしそうになったとき

野々口浩幸

なぜ、体罰をしてしまうのか

高い理想を掲げ、情熱、使命感をもって教師になった人ほど、現実とのギャップに直面したとき、自分の教師としての無力感や強い落胆を感じます。この現実が夢であってほしい、早く楽になりたい。責任感が強く、誠実で子どもたちのことを真剣に考える人ほど、悩みは大きいと思います。

目の前の現実を何とかしなければならないと考え、やむにやまれず体罰という方法をとってしまったという人も多いでしょう。しかし、体罰は教育的指導ではありません。重いダメージを与える勇気くじきです。体罰は、教師自身がやめるだけで根絶できるのです。でも、なくなりません。なぜでしょうか？

「体罰なしでは子どもを抑えることはできないし、なめられては指導できない」「体罰には即効性があり、すぐに結果を出せる」などと考える人がいるかもしれません。あるいは、体罰をしていても「自分の指導は、子どものことを考えてである」と唱えたり、体罰以外の指導方法をとれなくなっている人もいるのかもしれません。

ベテランと呼ばれる教師ほど、体罰に該当するような指導をした経験をおもちではないでしょうか。私が教員になったころは、まだ学校全体に体罰を黙認（容認）するような風潮があったように思います。

私自身、指導に燃える熱さから「それは体罰だろう」と言われるようなことをしたことがあります。そのとき、職員室に戻った私は、自分の不甲斐なさ、子どもに対しての申し訳なさを感じるとともに、激昂して短絡的行動をとったことを悔やみました。

二度とこのような指導はするまい。心に響くような言葉による指導、自らが率先して動く、そして子どもを裏切らない。反抗・反発されても、暴言を吐かれても、父性的な指導と母性的な支援という教育的愛情を心がけること。そして、子どもを尊重する「あたたかさ」をもって対応するという決心をした出来事でした。

授業中の指導について

授業中に注意するとすれば、まず授業態度ではないでしょうか。例えば、寝ている、騒ぐ、等々。まず、授業内容が子どもたちにとって、「おもしろい」「ためになる」「わかる」と関心をもてるような授業となっているか点検してみてください。授業に集中していないのをすべて子どもの責任にすることはできません。

私は、どこに興味をもたせるか、何がポイントでどのように理解させるかを常に考えて授業に臨んでいました。そして、一方的な説明にならないように、子どもとの双方向のコミュニケーションを大切にしました。つまり、考えさせ、発言させることで、共に授業をつくっていく姿勢を大切にしたのです。特に心がけたのは、

①すぐに指名して答えさせるのではなく、みんなに聞くということ

②間違っていても「違う」と言ったり、無視したりして否定的な対応をするのではなく、答えてくれたことに感謝するとともに、そのような答えに至った経緯や理由などを聞き、私はあなたを認めているというメッセージを送ること

でした。間違えることは恥ずかしいことではない、間違ってもだいじょうぶだという安心感を与えると、子どもたちは積極的に答えてくれます。

しかし、それでも寝る子どもはいます。私は、寝ているような子どもには必ず一言声をかけます。そのために、年度初めの授業で次のような話をしました。「寝ている人には必ず声

をかける。それは、寝ているのではなく、病気の発作で意識を失っている場合があること、体調の悪さからそのようにしている場合があるからである。寝ていることで叱るのではない」と。

このような姿勢で授業に臨んでいると、徐々に子どもとの関係はできてきます。たとえ寝ていて一声かけられても、「ムカック」と言って反発してくることはありません。

ところで、「自分の授業では子どもたちはおとなしいし、授業も成立している。できない教師は指導力がないからだ」と言っている人はいませんか。子どもの立場からすれば、素直に従っているのは怒ると怖いから、何をされるかわからないから嫌々従っているだけ

授業中に寝ている人には
声をかけます。
病気の発作かもしれないし、
体調が悪いのかもしれない
からね

であって、授業に魅力があるわけでも、その教師を信頼しているからでもないかもしれません。

上下関係を意識し、自分の指導には間違いがないという自負心が強い教師がいれば、その反動は別の教師に向かう場合があります。特に子どもの立場で考えることができない、常に上からの目線での感情的で威圧的な指導は、まさしく子どもたちと同僚の教師の勇気くじきをしているのではないでしょうか。

部活動中の指導について

私は、初任校でまったく経験のない陸上競技部の顧問となりました。経験がなくても、情熱があれば子どもたちはきっとついてくるに違いない。そう思って毎日の練習に臨んでいました。

しかし、その考えは甘いものでした。部員は私の存在を無視するかのように集合時間に遅れ、練習自体も遊び半分。そのような状況だから大会に出れば予選落ち。遠征に行くこと、大会に出ることが目標になっているかのようで、私の指導にはついてきませんでした。部員を集めて叱っても、どこ吹く風で、「素人の先生に言われたくない」と反発される始末。

そのとき、部員を指導するには、情熱だけではついてこないと悟りました。その日から、単なる顧問ではなく真の指導者にならなければと思い、専門書等を購入して理論の勉強を真剣に始めました。なぜ、この練習をするのか、この動きのときのポイントはどこか。そして、部員のために自分ができることは何かを考え、率先して行動することを心がけるようにしました。その結果、自分の思いは徐々に部員に浸透し、少しずつですが成績となって表れ始めました。

この部活動で、私は二つの考え方をもって指導しました。一つは、部員一人一人が次の大会でどれだけの記録を達成しようとするか、具体的な「目標」をもって練習できるようにすること。もう一つは、人間として成長できるようにするという教育的視点を「目的」と考えることです。

子どもの素質・能力はそれぞれ異なります。部活動の顧問も、すべてが専門家・経験者とは限りません。だから目標とする記録の達成以上に、練習を通して人間として成長する場となる部活動を心がけました。

指導者が優秀だから、好成績を残せるのではありません。部員が努力するからこそ成績を残せるのです。部活動を含めて、教育において教師は子どもの自立のための黒子的存在でありたいと思います。自分が指導するから成長するのではなく、子ども自身が努力するから成長するのです。

「叱る」と「ほめる」を超える「勇気づけ」

体罰には、支配（教師）―被支配（子ども）というタテの人間関係が存在します。教師は上で、子どもは下。教師の指示は絶対であり、子どもは従わなければならない。この関係で教師が使用する言葉には、指示・命令形で否定的言語が多いという特徴があり、その関係があってこそ教育は成立するのだ、という考え方に基づいています。

「～しろ」「なぜ、できない」「ダメなやつだな」「先生は、もう知らないからな」等々。人格を無視し、感情的になって威圧的に叱りつけて指導したうえに、子どもが失敗したときは、責め立てます。教師の言葉の暴力の前では、子どもはおびえ従順を装わなければなりません。そのときの教師は、自分の指導によって子どもが変わったと信じて疑いません。だから、そのような指導を繰り返してしまうのでしょう。

そのような指導でも、表面的には効果があるのでしょう。でも、それはその場しのぎだけのものです。子ども自身が、「変わらなければ」とか「変わりたい」と本心から変わるきっかけをつくったとは思えません。

このような指導は、ヨコの関係を説くアドラー心理学の精神とはまったく異なるものです。だれも失敗したくて失敗しているのではありません。その失敗を成長できるチャンスと考え、そのときこそ教師の「勇気づけ」が必要とされるのです。

「あなたの××がダメだから、△△しなさい」という否定語＋指示・命令というのは、子どもの勇気をくじきます。勇気づける対応は「あなたは◯◯までできているのだから、◎◎するともっとよくなると思うよ」という肯定語＋提案（アイ・メッセージ）なのです。

タテの人間関係では、相互尊敬・相互信頼はできません。支配関係のなかでは「勇気づけ」もできません。

では、単純にほめればよいのでしょうか。ほめることの功罪を考えてください。子どもの行為が「人のため」「人の役に立つから」ではなく、「ほめられることを目的」としているかもしれません。ほめてくれる先生はいい先生で、ほめてくれない先生は自分をわかってくれない悪い先生となってしまうかもしれません。また、ほめられることを気にしていくと、その子は「人の目」「人の評価」を気にしすぎる人間になって、自分の考えを抑え自己主張できない大人になってしまうかもしれません。

教師からほめられる「よい子」を演じなくても、自分を認めてくれる。失敗しても自分をまるごと受け止めてくれる。そこから自分を導いてくれる、勇気づけてくれる。そんな教師が、いま、求められていると思います。

アドラー心理学では、叱ることやほめることは推奨しません。日常的な子どもへの勇気づけによって、親和的な関係性を構築することを心がけてください。

自分の教育実践を振り返ってみよう

いま、子どもとの関係をつくれずに悩んでいる教師は多いと思います。そのようなときこそ、これまでの自分の教育実践を振り返ってみてください。それができる教師ほど、子どものことを考えている、子どもと共に成長できる教師なのだと思います。

アドラー心理学では、人間は自分流の主観的な意味づけを通して物事を把握していると考えます。それぞれが生きてきた過程の中で自分なりの考え方をするようになり、それがその人の認知の特性となっていきます。

一般に、他人を評価しても、自分自身を客観的に見つめることはしません。経験が豊富であればあるほど、人の上に立つ立場の人であればあるほど、自分の考えや実践を客観的かつ反省的視点で見ることをしません。否、できないのです。

なぜなら、その作業は自分のこれまでの教育や生き方を否定することになるかもしれないからです。「自分の考えは正しい。間違っているのは周りの人間だ」「自分を理解できないのは、相手に能力がないからだ」と自己肯定に固執する教師ほど、自分が見えていません。

共同体感覚（他者と共に生きる感覚）の乏しい人は、自分の認知の偏りに気づくことをしません。正しいと勝手に思い込んで私的論理（自分だけの考え方）を押し通そうとすれば、教師としての存在は、もはや「子どものための教育者」ではなく、「自分のための利己主義者」でしかありません。そのような教師は信頼されることもなく、子どもや同僚との関係がうまくいかなくなったときに、必ず行き詰まってしまいます。

社会の変容とともに子どもたちも変わってきています。教師自身も成長のための変容が求められ、それができなければ子どもたちの指導もむずかしいと言わなければなりません。子どもは大きく成長する存在です。それを忘れてはいけません。

自分自身のパーソナリティの特徴は、どのようなものでしょうか？　さらに、人生哲学、教育哲学、子ども観は？　他人のことを理解する前に、そう考える自分自身について理解してほしいのです。

体罰をしないために

自分のこれまでの一般的な叱り方について、過去の例で構いませんので、自分の言動と、そのときの子どもの様子を振り返って用紙に書いてみてください。

次に立場を変えて考えてみましょう。教師としての自分の対応をだれかに演じてもらい、自分は子どもの立場になって叱られてみてください。どのような感じがしますか？　子どもの立場になったとき、自分が変わろうと心から思えましたか？

学校において、暴力を振るうことを予防するための「アンガー・マネジメント」（怒りのコントロール）が子どもを対象に実施されることがありますが、この手法は教師の体罰予防のためにも必要だと思います。怒りの感情が抑えられなくなったときに、子どもにどのように対応するか、是非とも考えてください。

あるとき、私の指導にキレて、教室を飛び出していった子どもがいました。私も子どもを追いかけて対応しましたが、その子の目はつり上がり、いまにでも私に殴りかからんばかりの状況でした。とっさに私は、これ以上強い指導はしてはいけないと思い、一呼吸置いて怒りの感情を体と心から放出して「まず、お前の話を聞くから座らないか」と話しかけて対応したことがありました。

後日、その子どもに、あのときどうして私に殴りかかってこなかったのか聞いてみました。その答えはこうでした。

「もし、あのまま先生も感情的になっていたら、俺は先生を殴っていた。でも、俺がカッとなっていても、俺の頭を冷やそうと、先生は冷静に対応してくれたからだ」

と教えてくれました。教師は、ときとして感情的になることがあります。「怒り」も健全な感情です。しかし、自分でその感情を見つめ、コントロールすることができなければなりません。それは自分のためであると同時に、子どものためでもあるのです。

子どもの心を感じて親和的関係をつくろう

教師と子どもに良好な関係があれば、体罰が入り込む余地はありません。朝から、子どもたちが帰るまでにどのようなかかわりをしているか、もう一度振り返ってみてください。子どもたちを肯定的に見ていますか？　子どもたちを理解し未来を見つめて育てようとしていますか？　アドラー心理学での「共感」とは、「相手の目で見、相手の耳で聞き、相手の心で感じる」ことです。子どもの心を感じてみませんか？

いま、あなたの前に反抗という形でしか、存在を示せない子どもがいるかもしれません。その子どもが卒業していったときに、あなたの指導を理解してくれる日がくることを信じて、子どもの心の声を聞いて対応してみてください。

担任をした私に暴言を吐き、指導に反発して荒れ、怖い形相で睨み続ける対応しかできなかった子どもがいました。その子どものことで苦悩することは長期間にわたりましたが、それでも変わってくれることを信じて、私はかかわり続けました。その子が、卒業を前にした私の授業でくれたメッセージには、次の言葉が書かれていました。

「先生は、生徒のことを大切にしているように見える先生でした。すごく迷惑をかけてごめんなさい」。

3 いじめに向き合う勇気づけの学級づくり

佐藤　丈

「率先避難者たれ」とは、言わずもがな、群馬大学の片田敏孝先生が提唱する防災教育における避難三原則の一つです。私はこの原則を、いじめにもあてはめたいと考えています。つまり「いじめからの率先避難者たれ」と言いたいのです。それは、自然災害もいじめも、立ち向かうよりも、逃げるほうが先決であると考えたからです。

もう一つ強調したいことは、いじめの被害者はもちろん、加害者も、傍観者も、そしていじめの舞台となった学級の担任も、「いじめ」という出来事の被害者である、という認識をもつことが必要だということです。

つまり、いじめの被害者、加害者、傍観者、担任（以下いじめ当事者）は、いじめから率先して避難しなさい、ということなのです。「『いじめに向き合う』などと言っておきながら、担任に逃げろとは、どういうことか」とおしかりを受けそうですが、「逃げることがいじめの最大の解決法であり予防法である」ことを、追って説明したいと思います。

いじめはなぜ起こるのか——所属の欲求・目的論

アドラー心理学では、人間はどこかに所属することが必要だと考えています。つまり「人は一人では生きてはいけない」ということになります。あまりにも常識的なことを、アドラー心理学では最も基本に据え、最も大切にします。

ここで思い出していただきたいのが、アブラハム・マズローの欲求の階層説です。マズローは、人間の欲求は左図のように、生理的欲求から上へ段階的に進行すると説明しています。

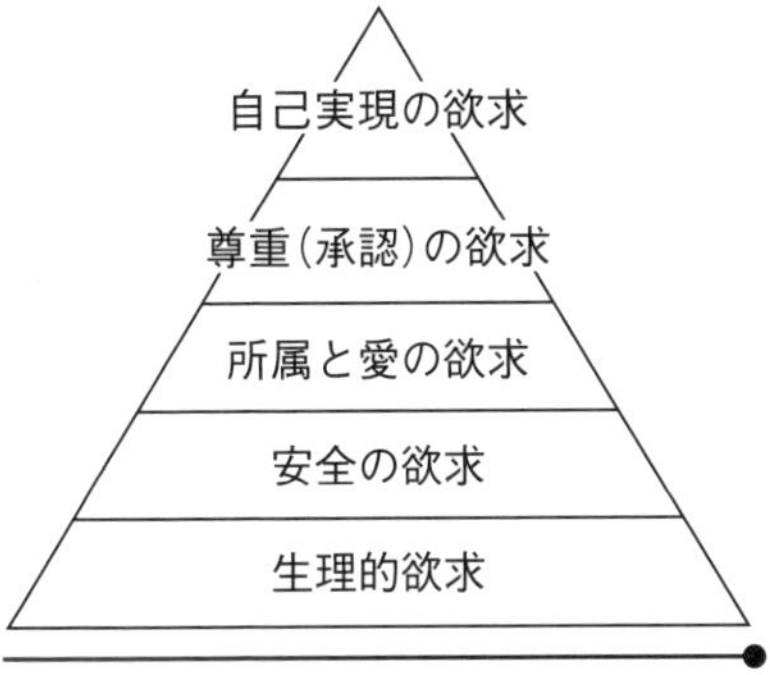

マズローの欲求の階層説

しかしアドラーは、「所属の欲求」こそ人間にとって最も根源的な欲求であると説いています。

例えば、山梨県立大学の坂本玲子氏はその講演の中で、映画に描かれたユダヤ人親子の収容所でのエピソードから、「たとえ、生理的な欲求や安全の欲求が満たされていない収容所という過酷な状況であっても、親子という最小の社会に所属しているということで生きることができるばかりか、笑い合うことさえできる。幸福を感じることさえできる。反対に、これらの欲求が満たされていたとしても、所属の欲求が満たされないと、自ら死を選ぶこともある」と述べています。まさに「人は一人では生きてはいけない」のです。

アドラー心理学では、「人間の行動には目的がある」ととらえています。これもまた常識的なことではありますが、この目的がつまり「所属」です。そして、人間は所属するという目的を達成するために何らかの行動の目標を設定します。例えば、赤ちゃんは泣くことで母親の注目・関心を得、おっぱいをもらい、母親との関係に所属することに成功します。所属するために、自分に注目させるという目標を設定します。ところが、泣き続けても、ずっと放っておかれたら、赤ちゃんは死んでしまいます。所属することは赤ちゃんにとってまさに命がけで得なければならない欲求なのです。だからこそ、下に弟が生まれたお姉ちゃんは、牛乳をこぼしたり、服を汚したり、壁にシールを貼ったりするのです。無意識的ながら母親の注目を得るための、必死の行動です。

こうしてみると、学校に通う子どもたちの「所属」への欲求の強さも頷けるのではないでしょうか。小学校一年生にとって、この学級に所属するということが行動の目的です。そのために初めは「勉強をがんばろう」「友達と仲よくしよう」「掃除をがんばろう」などと、適切な目標をたて所属しようとします。しかし、このことが教師や友達から「あたりまえのこと」とみなされ適度な注目を得られなかったときに、過度の注目を得るという目標を立て、「何でも一番になろう」としたり、一番になることがかなわない場合は、逆に不適切な行動で過度の注目を得ようとしたりするのです。

学年が上がり小グループを形成するようになってきたとき、子どもたちの所属の対象は、教師＝クラスから、友達＝クラスに変化していきます。教師に認められることももちろんうれしいのですが、友達から認められなければクラスに所属しているとは感じられないのです。この所属するための方法として、協力して理科の実験をしたり、仲よく遊んだり、けんかをしても後で仲直りをしたりし、学級の仲間集団に所属している、少なくとも○○君とは友達だ、と所属感を得る分にはまったく問題はありません。

しかし所属するための方法として、いささか問題のある場合があります。それがいじめです。いじめは、たいていの場合、複数の者が一人ないし少数の者に対して行います。相手の所属を奪うことによって、自分の所属を得ようとする行為がいじめだともいえます。最も簡単で多く使われるいじめが「無視」であるのも、このことと関連しているのではないでしょうか。無視をすることで相手の所属を奪い、同じ者を無視する仲間としての集団に所属する。そういう図式が見えてきます。無視し続けなければ、自分の所属が奪われてしまう。いじめる側も、常に自分の所属が奪われはしないかとおびえているのです。

いじめと向き合う――いじめなくても所属できる

いじめがまだ、クラスに蔓延していない段階では、担任がいじめの深刻化を防ぐことが可能な場合があります。解決の視点はやはり「所属」です。いじめている子どもが、適切な目標と行動で、所属していると感じられるようにすることが必要です。

私のかつて担任した小学校三年生のクラスでも、三人の女子グループの中で、いじめがありました。休み時間になるといつもこの三人は教室に残り、自分たちでつくった劇を演じて遊ぶのです。遊びとしてはずいぶん高度な遊びで、私も感心しながら三人の劇を眺めていました。

しかしあるときから、そのうちの二人（P・Q）が、一人（O）を避けるようになったことに気がつきました。一見すると劇をしているようには見えるのですが、Oさんの表情はかつての輝きを失い、ただほかの二人の劇に合わせているだけという感じが見られたのです。案の定、Oさんが放課後、「いじめられている」と私に訴えてきました。「もうずいぶん前から、私には劇のシナリオを教えてくれない。だから、二人のやっていることをまねているだけ。何を言っても応えてくれない。一緒にまた劇がやりたいって言っても無視される」。もうずいぶん前から続いていたとは気がつきませんでした。「そりゃあ辛かっただろうね。よく先生に言ってくれたね。Ｏさんは前みたいに、劇をしたいんだね」「先生に何か手伝えることがあるかな？」と聞いたところ「もう一度自分で前みたいに楽しく劇がしたいことを頼んでみる」ということでした。

翌日の朝、職員室の前でＯさんをいじめているとされる二人（Ｐ・Ｑ）に捕まりました。どこかで昨日のＯさんと私の様子を見ていたようです。きっと不安だったのでしょう。「私たちは、Ｏさんがいつも劇のシナリオを自分勝手に決めてしまうのが嫌で、私たちで決めて劇をしていただけ」と訴えてきました。

さて、どのように対応したらよいでしょう。いじめる側にもそれなりの理由があるケースは少なくありません。だからといって「そうか、それじゃあ仕方がないな」では済みません。このケースでも、所属したいという気持ちがあるのはＯさんもＰさんもＱさんも同じです。「そうか、みんなＯさんが決めちゃってたんだね」。ＰさんやＱさんの気持ちもわかります。ＰさんやＱさんは、いつもＯさんがシナリオを決めてしまうので、その劇に主体的にかかわれず、所属感が得られなかったのでしょう。だから、Ｏさんを無視して、Ｏさんから所属を奪っていたのでしょう。「Oさんが全部決めちゃったら、劇をしていてもおもしろくないだろうね。ところで、いまの劇は楽しい？」と聞くと、二人とも首を振って否定しました。Pさんが「Oさんがいちいちついてくるからウザイ……」。ここで朝の打ち合わせの時刻となりました。時間切れです。三人でやったほうが楽しいという答えを期待していた私は、このPさんの一言で途方に暮れてしまいました。休み時間にOさんがまた劇をしたいと頼んでも「ウザイ」の一言で片づけられそうです。

しかし、そんな心配は杞憂に終わりました。すぐにその後PさんとQさんは、Oさんのところに行き、自分たちで勝手に解決してしまいました。三人で順番にシナリオを決めるというルールをつくったそうです。

なぜ解決したのか、はっきりとはわかりませんが、必要以上には介入せず、三人の劇を大切に扱い、劇という場に主体的にかかわることで所属したいという三人の気持ちをそれぞれ聞き、共感的に理解したからではないでしょうか。一か月ほど後のお楽しみ会では、三人でつくった劇をクラスのみんなに披露してくれました。

いじめと向き合う――学校・家庭ぐるみでいじめを予防し対処する…………

このような初期段階のいじめであれば、担任が適度に介入することで、解決することもあります。むしろ、このようなケースは日常茶飯事なのではないでしょうか。しかし教育相談の機関で相談業務を担当しているいま、耳に入ってくるいじめの問題は深刻です。ひどい身体症状が出たり、不登校になったり、転校したり……。

この節の冒頭でふれたように、いじめの当事者たち（被害者、加害者、傍観者、担任）は、いじめという出来事の被害者だという認識をもつことが必要です。特に軽視されがちなのが加害者の心の問題です。謝らせたり、反省させたり、罰を与えたりすることを拙速に行うのではなく、加害者こそ「いじめという方法でしか所属できなかった」さまざまな背景をもち、傷ついていることを理解し、話を聞き共感することで勇気づけることが必要です。そのうえでその子どもの本来のよさを一緒に探し、勇気づけることで、自分のしたことに対して責任がもてるようになるのではないでしょうか。

しかし、深刻ないじめの場合、担任がその役割を担うには無理があります。なぜなら、担任もまた、その問題に巻き込まれているからです。したがって、担任は第三者に助けを求める（逃げる）ことによって、いじめに向き合う必要があります。被害者、加害者、傍観者の

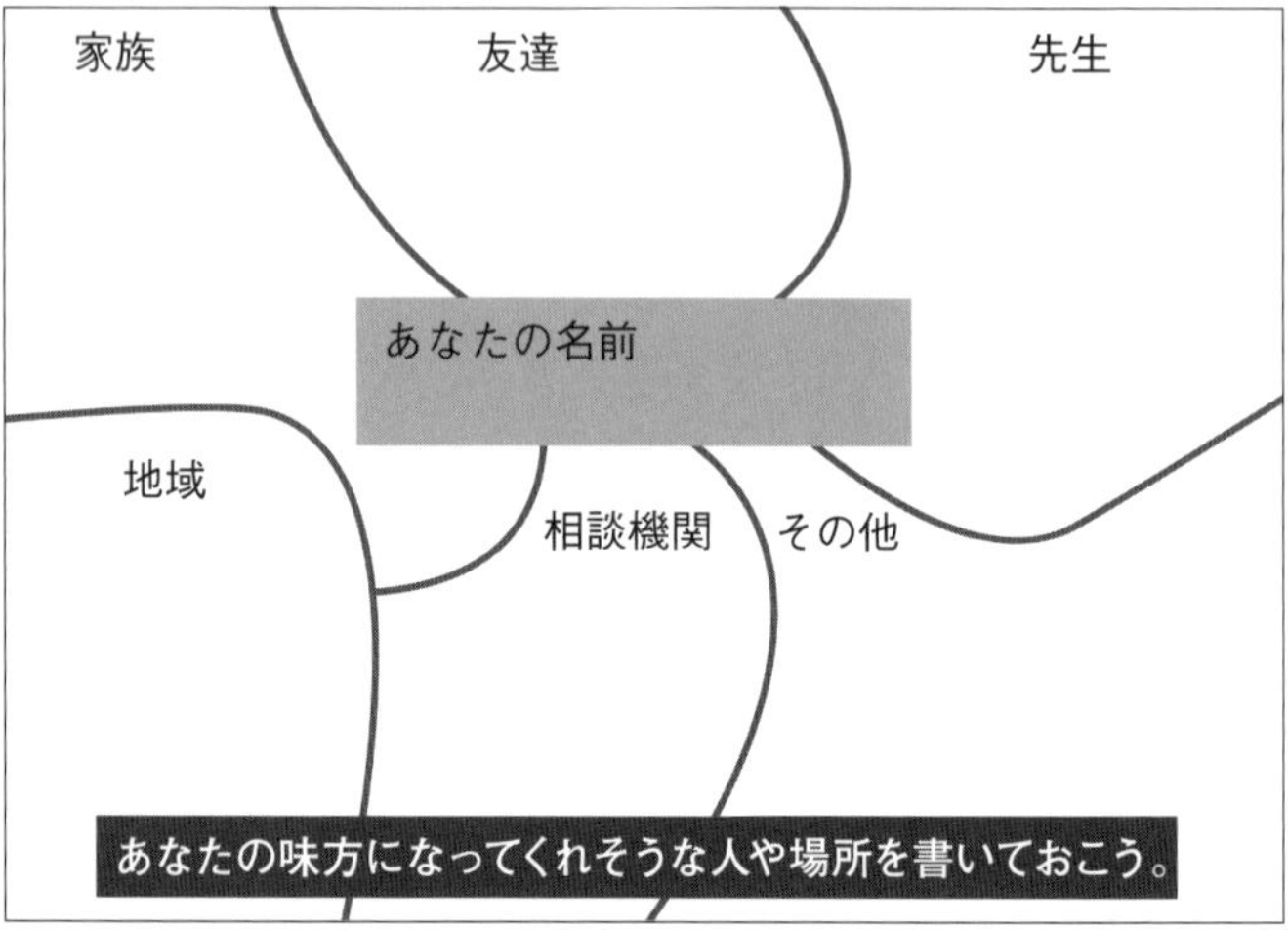

カード①

話をそれぞれ聞く役割を第三者に頼みます。

いじめの予防と対処として、二つのことを提案したいと思います。

まず第一に、「この学校（学級）はいじめをこうとらえ、こう対処する」ということを子どもたち、保護者、地域に知らせます。

①「被害者、加害者、傍観者」すべてがいじめという出来事の被害者であるという視点をもち、それぞれを全力で守る。

②いじめという行為は絶対に許されない。したがって、毅然とした指導が必要。しかし加害者もまた（加害者こそ）、勇気づけを必要としている。

③いじめからの「率先避難者たれ」という発想をもつ。避難者は被害者、加害者、傍観

者、そして担任も。避難先は大人。全力で守る。

次に、図のような四つのカードを作成し、配ります。カード①は避難先を書き込むカードです。このカードを書かせたときに何も書けない子どもがいたら、避難先を一緒に見つけてあげてほしいと思います。このこと自体いじめ防止に役立ちます。カード②から④には、被害者、加害者、傍観者になってしまったとき、その出来事を書き込みます。そして、このカードをもって、避難先である大人の元へ逃げます。カードに書くという行為だけでも、問題を

カード②
いじめられたとき……書けるところだけでかまわない。書くことであなたを守るたすけになる。

①いつ　　月　　日　　時頃
②どこで
③だれに
④なにをされた
⑤見ていた人がいるか
⑥それに対してどうしたか

カード③
いじめてしまったとき……書けるところだけでかまわない。書くことであなたを守るたすけになる。

①いつ　　月　　日　　時頃
②どこで
③だれに
④なにをした
⑤見ていた人がいるか
⑥いっしょにした人がいるか

カード④
いじめを見たとき……書けるところだけでかまわない。書くことであなたを守るたすけになる。

①いつ　　月　　日　　時頃
②どこで
③だれが、だれに
④なにをした
⑤ほかに見ていた人がいるか
⑥それに対してどうしたか

カード②～④

外在化することができ、心の安定につながります。

いじめと向き合う――おわりに

いじめ防止のためのプログラムを、系統的に、子どもたち、保護者を対象に行っていくことが大切だと思います。例えば先にあげたカードの使い方や、子どもが避難してきたときにどのように対応したらよいのかなど、周知しておくことが必要です。そのようにすることで、学校での安全・安心感が向上し、いじめだけでなく、不登校や学級の荒れ等の未然防止にもつながるでしょう。そして何よりも安心して学べる場は、子どもたちの学力向上の最も基本的なベースであると考えています。

【参考文献】

○東　豊著『セラピスト誕生』日本評論社、二〇一〇年（五章一節）
○岩井俊憲著『勇気づけのリーダーシップ心理学』学事出版、二〇一〇年（一章三節）
○岩井俊憲著『勇気づけの心理学 増補・改訂版』金子書房、二〇一〇年（一章三節・三章一節・三章二節・三章三節・四章三節）
○内田樹著『街場の教育論』ミシマ社、二〇〇八年（四章一節）
○鹿毛雅治『子どもの姿に学ぶ教師―「学ぶ意欲」と「教育的瞬間」』教育出版、二〇〇七年（三章一節）
○河村茂雄他企画編集『Q－Uによる学級経営スーパーバイズ』図書文化、二〇〇四年（四章三節）
○ジェーン・ネルセン／リン・ロット／H・ステファン・グレン著、会沢信彦訳、諸富祥彦解説『クラス会議で子どもが変わる』コスモス・ライブラリー、二〇〇〇年（二章四節・二章五節・三章一節・四章二節）
○嶋崎政男著『〝困った親〟への対応　こんな時どうする？』ほんの森出版、二〇〇七年（五章一節）

○志水宏吉著『公立学校の底力』筑摩書房、二〇〇八年（四章一節）
○露口健司著『学校組織の信頼』大学教育出版、二〇一二年（四章三節）
○古庄高著『アドラー心理学による教育』ナカニシヤ出版、二〇一一年（二章五節）
○森重裕二著『クラス会議で学級は変わる！』明治図書、二〇一〇年（四章二節）
○ルドルフ・ドライカース／パール・キャッセル著、松田荘吉訳『やる気を引き出す教師の技量』一光社、一九九一年（二章一節・三章三節）

【編著者】
会沢信彦（文教大学教授）
岩井俊憲（有限会社ヒューマン・ギルド代表取締役）

【執筆者】
原田綾子（株式会社 Hearty Smile 代表）
三輪克子（勇気づけスペースＬＵＮ主宰）
武正光江（元幸手市立八代小学校校長）
佐藤　丈（山梨県総合教育センター研修主事）
森重裕二（滋賀県甲賀市立土山小学校教諭）
杉村秀充（名城大学教職センター非常勤講師）
野々口浩幸（青森県総合学校教育センター教育相談課長）

［二〇一三年九月現在、執筆順］

【編著者紹介】

会沢　信彦

文教大学教育学部教授。一九六五年、茨城県生まれ。筑波大学卒業、同大学院修士課程修了。立正大学大学院博士課程満期退学。函館大学専任講師を経て現職。

著書に『学校ボランティアハンドブック』（共著）ほんの森出版、『学級づくりと授業に生かすカウンセリング』（共編）ぎょうせい、『教師のたまごのための教育相談』（共編著）北樹出版、『3ステップでらくらく　1年間の通知表文例177』（共編著）教育開発研究所、『3ステップでばっちり　授業参観・保護者会まるごとBOOK』（共編）教育開発研究所、『3ステップであんしん　気になる子への対応術』（共編著）教育開発研究所、『自分とも友達ともポジティブ・コミュニケーション』（共編著）ほんの森出版、『シリーズ　学校で使えるカウンセリング2学級経営と授業で使えるカウンセリング』諸富祥彦編集代表（共編著）ぎょうせいほか多数。

岩井　俊憲

有限会社ヒューマン・ギルド代表取締役。一九四七年、栃木県生まれ。早稲田大学卒業。外資系企業の管理者等を経て、一九八五年、有限会社ヒューマン・ギルドを設立。一九八六年、アドラー心理学指導者資格を取得。元青森公立大学・函館大学非常勤講師。上級教育カウンセラー。ヒューマン・ギルドでアドラー心理学に基づくカウンセリングや公開講座、カウンセラー養成を行うほか、企業・教育委員会・学校から招かれ、カウンセリング・マインド研修、勇気づけ研修や講演を行っている。

著書に『カウンセラーが教える「自分を勇気づける技術」』同文館出版、『失意の時こそ勇気を』コスモス・ライブラリー（星雲社）、『アドラー心理学によるリーダーの人間力の育て方』アルテ（星雲社）、『伝わるように！「話せる力」』明日香出版社、『勇気づけの心理学　増補・改訂版』金子書房、『勇気づけのリーダーシップ心理学』学事出版、『子どもを勇気づける教師になろう！』（共著）金子書房、『アドラーのケース・セミナー』（訳）一光社、ほか多数。

今日から始める学級担任のためのアドラー心理学
――勇気づけで共同体感覚を育てる

二〇一四年　二月　一日　初版第一刷発行　［検印省略］
二〇一五年一一月二〇日　初版第五刷発行

編著者　会沢信彦・岩井俊憲©

発行人　福富　泉
発行所　株式会社　図書文化社
〒一一二・〇〇一二　東京都文京区大塚一・四・一五
電話　〇三・三九四三・二五一一
ファクス　〇三・三九四三・二五一九
http://www.toshobunka.co.jp/
振替　〇〇一六〇・七・六七六九七

組版　株式会社　さくら工芸社
印刷　株式会社　加藤文明社印刷所
製本　株式会社　駒崎製本所
装幀　中濱健治

ISBN 978-4-8100-4642-7 C3037
乱丁・落丁本の場合はお取り替えいたします。
定価はカバーに表示してあります。